Impressum
Verlag: BABADADA GmbH, Nedderfeld 112 , 22529 Hamburg
Geschäftsführer / Verlagsleitung: Harald Hof
Druck: Books on Demand GmbH, In de Tarpen 42, 22848 Norderstedt

Imprint
Publisher: BABADADA GmbH, Nedderfeld 112 , 22529 Hamburg, Germany
Managing Director / Publishing direction: Harald Hof
Print: Books on Demand GmbH, In de Tarpen 42, 22848 Norderstedt

koulu
sukuu

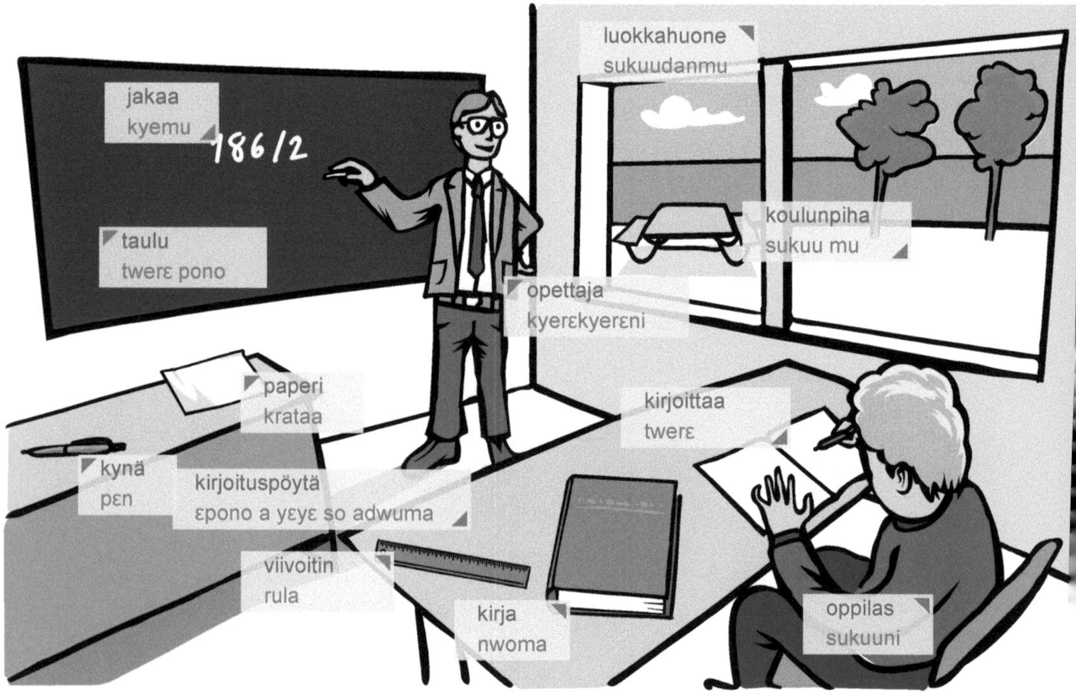
jakaa
kyemu
186/2
taulu
twerɛ pono
luokkahuone
sukuudanmu
koulunpiha
sukuu mu
opettaja
kyerɛkyerɛni
paperi
krataa
kirjoittaa
twerɛ
kynä
pɛn
kirjoituspöytä
ɛpono a yɛyɛ so adwuma
viivoitin
rula
kirja
nwoma
oppilas
sukuuni

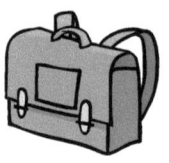

reppu

baage

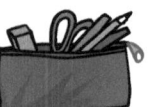

penaali

twerɛdua konko

lyijykynä

twerɛdua

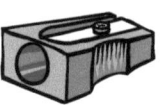

kynänteroitin

deɛ yɛde sensen twerɛdua ano

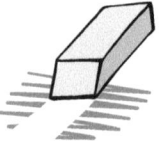

pyyhekumi

rɔba

piirustuslehtiö

krataa a yɛdwi adeguso

piirustus

adedwie

pensseli

penti brɔhye

vesivärit

penti adaka

sakset

apasoɔ

liima

aman

harjoituskirja

nwoma a yɛyɛ mu adwuma

kotitehtävä

efie adwuma

12

luku

nɔma

2+2

lisätä

kabom

5-2

vähentää

te fri mu

2×2

kertoa

mmɔho

laskea

sese

A

kirjain

lɛtɛ

ABCDEFG
HIJKLMN
OPQRSTU
VWXYZ

aakkoset

ntwerɛeɛ

hello

sana

asɛmfua

teksti

ntwerɛdeɛ

lukea

kenkan

liitu

kyɔk

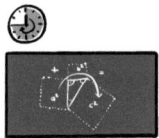

oppitunti

adesua

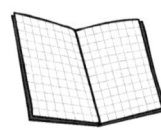

opettajan muistikirja

twerɛ wo din

koe

nsɔhwɛ

todistus

abodinkrataa

koulupuku

sukuu ataadeɛ

koulutus

adesua

sanakirja

nyansa nwoma

yliopisto

suapɔn

mikroskooppi

maakroskop

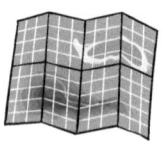

kartta

map

roskakori

kɛntɛn a yɛde krataa nwura
gu mu

matka
akwantuo

hotelli
ahɔhogyebea
Grand
retkeilymaja
hostɛl
ROOMS
rahanvaihto
baabi a yɛ sesa sika
EXCHANGE
matkalaukku
potomanto
auto
kaa

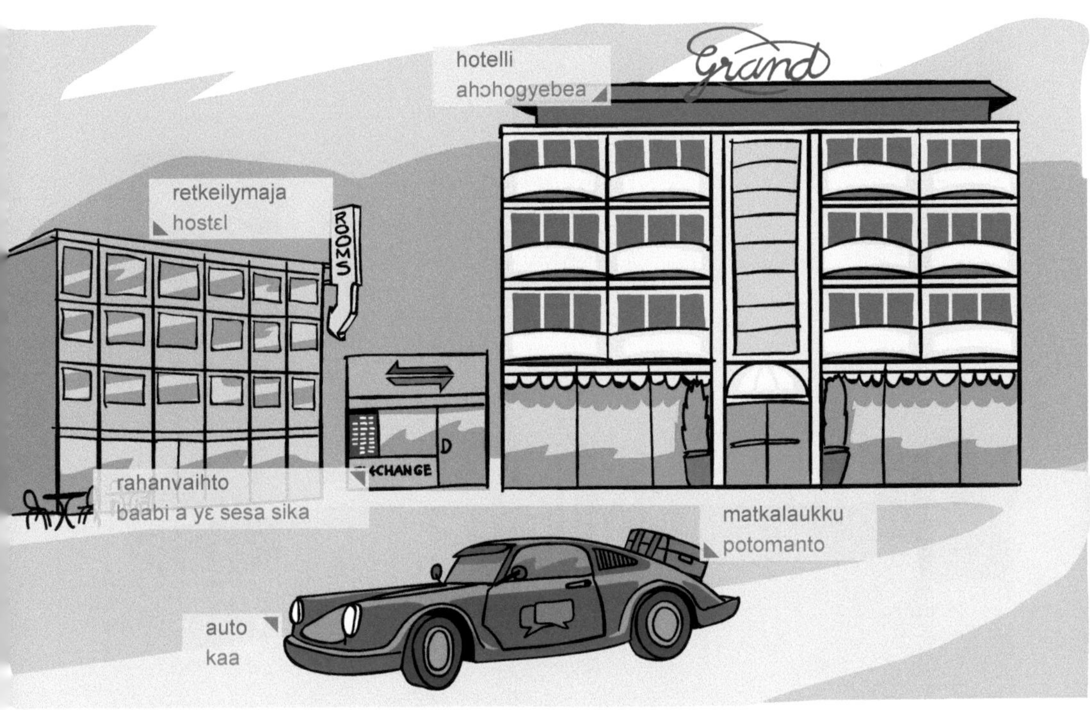

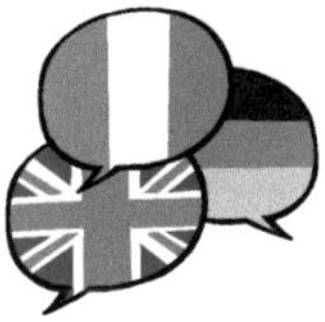

kieli

kasa

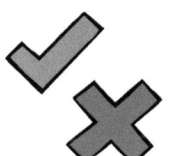

kyllä / ei

aane / dabi

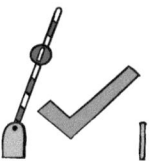

selvä

Yoo

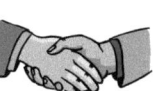

hei

hɛlo

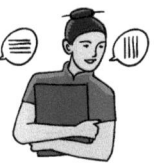

tulkki

kasa asekyerɛfoɔ

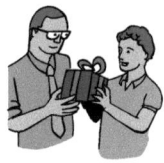

kiitos

Medaase

Paljonko...maksaa?

...bɔɔ yɛ sɛn?

en ymmärrä

Me nte aseɛ

ongelma

ɔhaw

Hyvää iltaa!

Maadwo!

Hyvää huomenta!

Maakye!

Hyvää yötä!

Dayie!

näkemiin

baibai o

suunta

akwankyerɛ

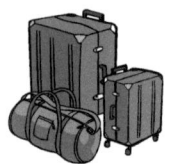

matkatavarat

wo nneɛma

laukku

bɔtɔ

reppu

akyirebɔtɔ

vieras

ɔhɔhoɔ

huone

danmu

makuupussi

bɔtɔ a yɛda mu

teltta

ntomadan

turisti-info

nsɛm dema wɔn a wɔkɔ nsrahwɛ

ranta

mpoano

luottokortti

kaade a yɛde yi sika

aamupala

anɔpa aduane

lounas

awua aduane

päivällinen

anwumerɛ aduane

matkalippu

tiket

hissi

pegya

postimerkki

stamp

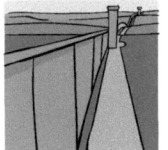

raja

ɛhyeɛ so

tulli

kutɔmfoɔ

suurlähetystö

embasi

viisumi

visa

passi

passpɔt

kuljetus

akɔneabadie

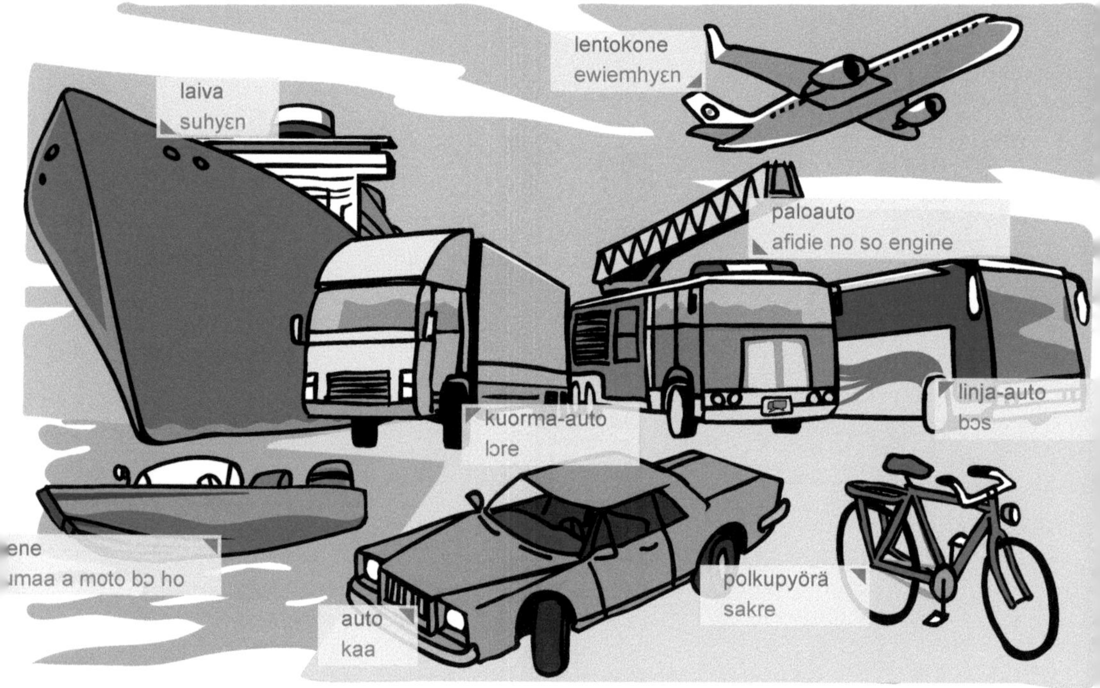
lentokone
ewiemhyɛn
laiva
suhyɛn
paloauto
afidie no so engine
linja-auto
bɔs
kuorma-auto
lɔre
ene
maa a moto bɔ ho
polkupyörä
sakre
auto
kaa

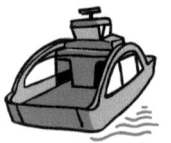

lautta

hyɛma

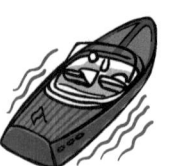

vene

suhyɛn kumaa

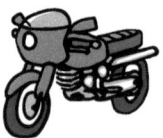

moottoripyörä

motosakre

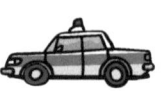

poliisiauto

polisifoɔ kaa

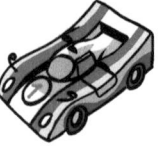

kilpa-auto

kaa a ɛkɔ mirika akansie

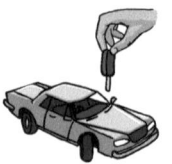

vuokra-auto

kaa a yɛde ma ahan

car sharing

wɔre kyɛ kaa

hinausauto

lɔre a asɛeɛ

roska-auto

bɔɔla kaa

moottori

moto

polttoaine

pɛtro

huoltoasema

baabi a yɛbu pɛtro

liikennemerkki

trafik ahyɛnsodeɛ

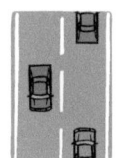

liikenne

trafik

ruuhka

trafik akye

parkkipaikka

baabi a yɛde kaa esi

rautatieasema

keteke gyinabea

raiteet

keteke kwan

juna

keteke

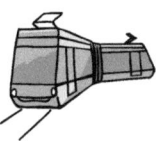

raitiovaunu

tram

vaunu

ponkɔ kaa

helikopteri

helikopta

lentokenttä

ewiemhyɛnbea

lähilennonjohto

abansoro

matkustaja

apasingyani

kontti

tontowa

pahvilaatikko

adaka

kärryt

kaate

kori

kɛntɛn

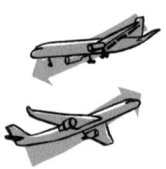

nousta / laskea

atu / asi fam

kaupunki

kuro kɛseɛ

kylä

akurase

keskusta

kuro dwaberɛ mu

talo

efie

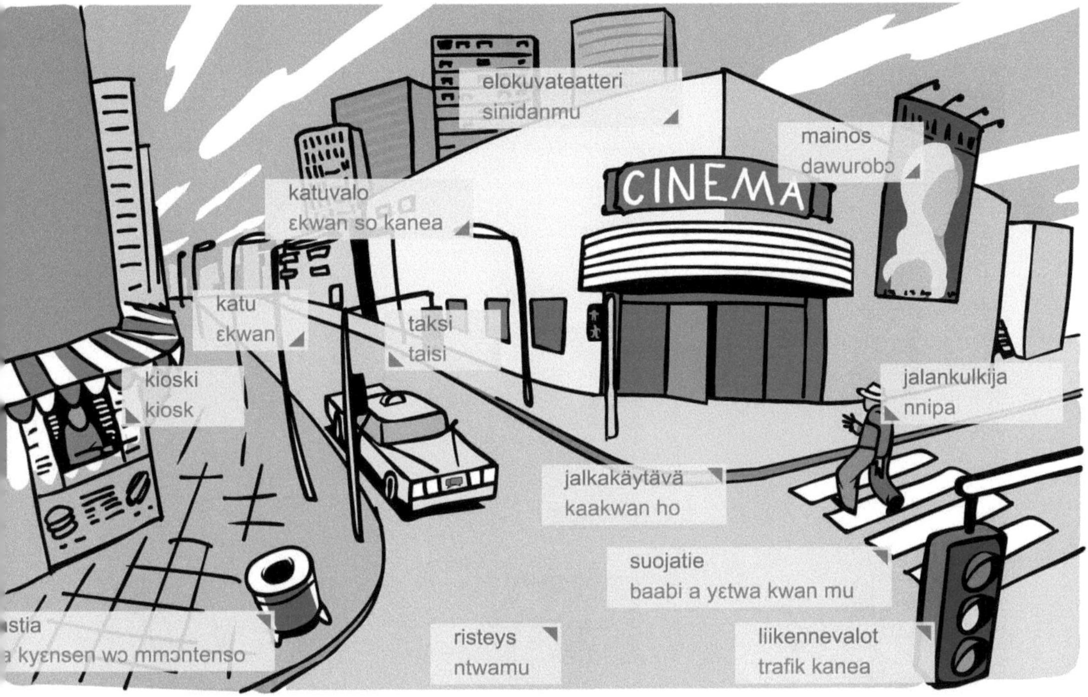

elokuvateatteri
sinidanmu

mainos
dawurobɔ

katuvalo
ɛkwan so kanea

katu
ɛkwan

taksi
taisi

jalankulkija
nnipa

kioski
kiosk

jalkakäytävä
kaakwan ho

suojatie
baabi a yɛtwa kwan mu

stia
a kyɛnsen wɔ mmɔntenso

risteys
ntwamu

liikennevalot
trafik kanea

mökki
apata

kerrostalo
efie

rautatieasema
keteke gyinabea

kaupungintalo
adwaberɛm

museo
bea a yɛ kora tete nneɛma

koulu
sukuu

yliopisto

suapɔn

pankki

sikakrobea

sairaala

ayaresabea

hotelli

ahɔhogyebea

apteekki

famasi

toimisto

asoeɛ

kirjakauppa

sotɔɔ a wɔtɔn nwoma

liike

sotɔɔ

kukkakauppa

baabi yɛtɔn nhwiren

supermarketti

sotɔɔpɔn

tori

edwam

tavaratalo

sotɔɔ kɛseɛ

kalakauppias

baabi a yɛtɔn mpataa

ostoskeskus

dwadibea kɛseɛ

satama

suhyɛn gyinabea

puisto

baabi kaa gyina

penkki

bɛnkye

silta

ɛtwene

portaat

atwedeɛ

metro

asaase ase

tunneli

ɛbɔn

linja-autopysäkki

baabi a bɔs gyina

baari

nsanombea

ravintola

adidibea

postilaatikko

lɛta adaka

katukyltti

ɛkwan so akwankyerɛ

parkkimittari

baabi kaa gyina ho mita

eläintarha

zoo

uimala

nsuo a yɛ dware mu

moskeija

nkramodan

maatila
afuo

ympäristön saastuminen
deɛ egu mmɔnten so fi

hautausmaa
asieɛ

kirkko
asɔre

leikkikenttä
agodibea

temppeli
asɔre dan

maisema
mmɔnten so asiesie

lehti
ahaban

tienviitta
sanbɔd

tie
kwan

niitty
asaase a ɛsere wɔ so

kivi
boba

retkeilijä
ɔnantefoɔ

puu
dua

joki
asubɔnten

ruoho
ɛserɛ

kukka
nhwiren

laakso
amenamu

vuori
bepɔ

järvi
tadeɛ

metsä
kwaeɛ

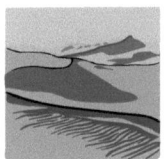

aavikko
ɛserɛ so

tulivuori
egya a efri botan mu

linna
abankɛseɛ

sateenkaari
nyankontɔn

sieni
emere

palmu
abɛtene

hyttynen
ntomntom

kärpänen
tu

muurahainen
ntɛtea

mehiläinen
wowa

hämähäkki
ananse

maisema - mmɔnten so asiesie
15

kovakuoriainen

amankuo

sammakko

aponkyerɛni

orava

opuro

siili

apɛsɛ

jänis

adanko

pöllö

patuo

lintu

anomaa

joutsen

nsuo mu dabodabo

villisika

kɔkɔte

peura

adoa

hirvi

ɔtweenini

pato

dam

tuulimylly

wind turbine afidie

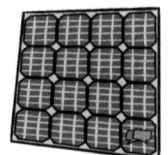

aurinkopaneeli

afidie a ɛkye awia

ilmasto

wiem nsakraeɛ

ravintola
adidibea

tarjoilija
ɔsom adidieɛ
ruokalista
aduane a ɛwɔ hɔ
tuoli
akonwa
keitto
nkwan
pitsa
pisa
pöytäliina
ntoma a ɛse pono so
ruokailuvälineet
ntere a yɛde didi

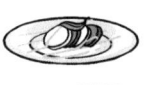

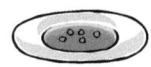

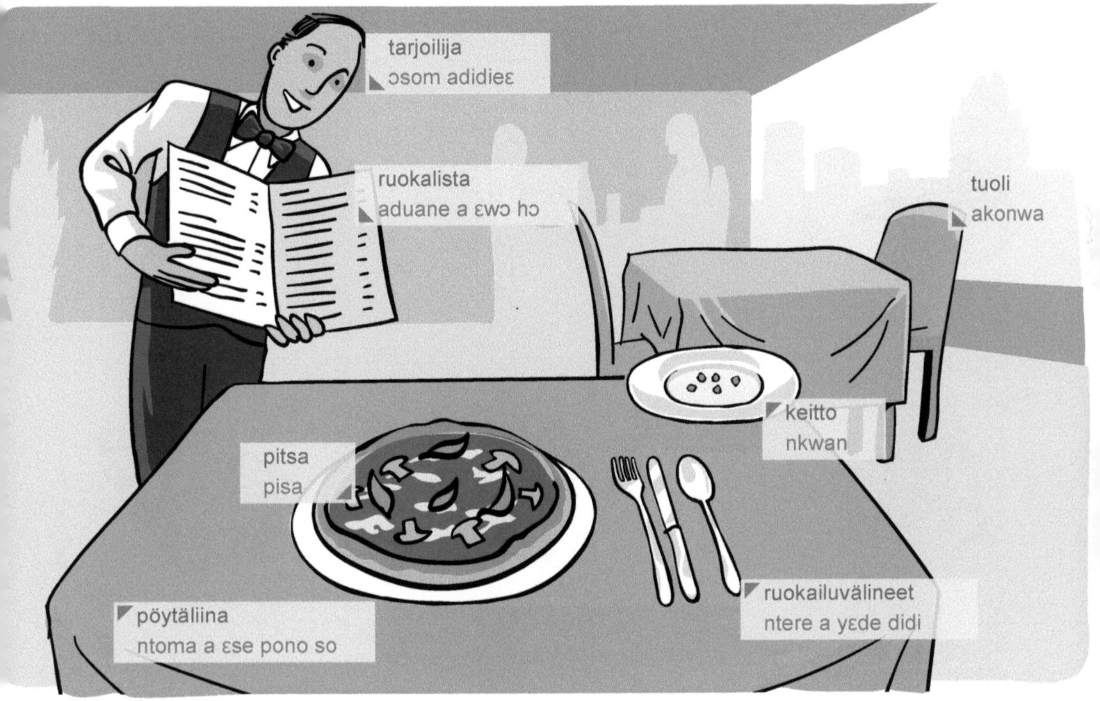

alkuruoka
mprampra anom

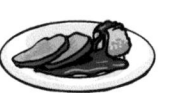

pääruoka
aduane no ankasa

jälkiruoka
mpa anom

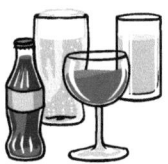

juomat
nsa

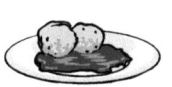

ruoka
aduane

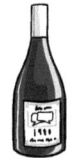

pullo
toa

pikaruoka

aduane hyewhyew

katuruoka

abɔnten so aduane

teekannu

tii kukuo

sokeriastia

asikyire konko

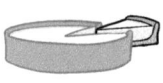

annos

wo kyɛfa

espressokeitin

espresso afidie

syöttötuoli

akonwa tenten

lasku

wo ka

tarjotin

apanpan

veitsi

sekan

haarukka

adinam

lusikka

atere

teelusikka

atere ketewa

servietti

napkɔn a yɛde pepa ano

lasi

glase

lautanen

prɛte

syvä lautanen

kwan kyɛnsee

aluslautanen

prɛte ketewa

kastike

abomu

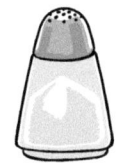

suolasirotin

nkyene kukuo

pippurimylly

yɛde yam mako

etikka

fenega

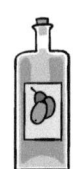

öljy

anwa

mausteet

aduhwam

ketsuppi

kɛkyɔp

sinappi

mustad

majoneesi

mayones

supermarketti
sotɔɔpɔn

tarjous
ntesoɔ soronko
asiakas
adetɔfoɔ
maitotuotteet
nanatwie nufusuo
hedelmät
aduaba
ostoskärryt
hwiili
FOR

BUTCHERS

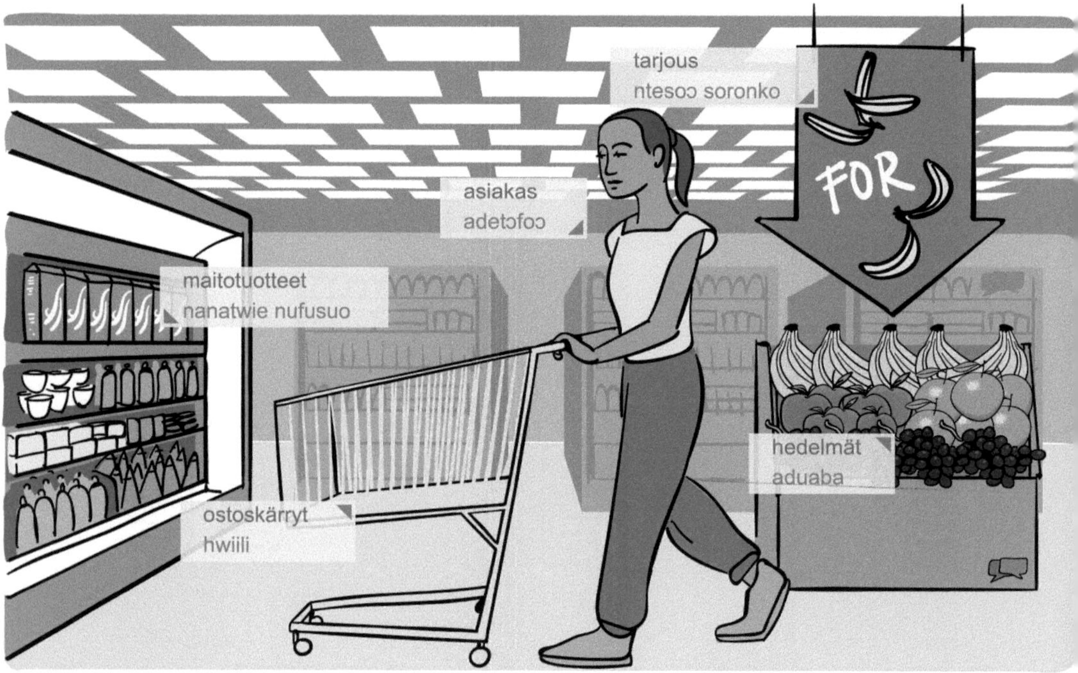

teurastamo

baabi a yɛtɔn nam

BAKERY

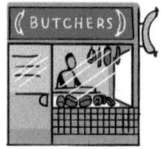

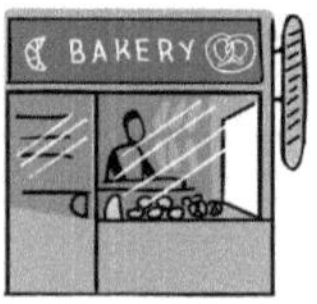

leipomo

baabi a yɛtɔn paano

punnita

susu

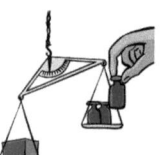

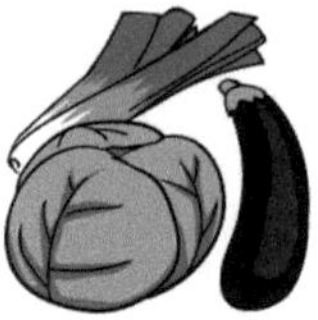

kasvikset

atosodeɛ

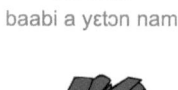

liha

nam

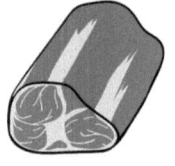

pakasteet

frigyemu aduane

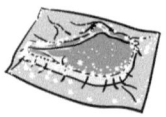

leikkele

nam a adwɔɔ

säilykkeet

kyɛnsee mu aduane

pesujauhe

paoda samena

makeiset

adedɔkɔdɔkɔ

kotitaloustarvikkeet

efie nneɛma

puhdistusaineet

adetɔneɛ a yɛde pepa fin

myyjä

nnipa a ɔtɔn adeɛ

kassa

afidie a egye sika

kassanhoitaja

ɔgyegye sika

ostoslista

krataa a wodi rekɔ di dwa

aukioloajat

berɛ a wɔde bua

lompakko

sikabotɔ

luottokortti

kaade a yɛde yi sika

kassi

baage

muovipussi

rɔba baage

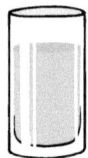

vesi

nsuo

mehu

aduaba mu nsuo

maito

nufusuo

kokis

kok

viini

wain nsa

olut

biya

alkoholi

mmorosa

kaakao

kokoo

tee

tii

kahvi

kofe

espresso

espresso

cappuccino

kapukyino

banaani

kwadu

omena

apol

appelsiini

ankaa

meloni

melon

sitruuna

akutɔɔ

porkkana

karɔt

valkosipuli

garlik

bambu

pampro

sipuli

gyeene

sieni

mmere

pähkinät

nkateɛ

spagetti

talia

spagetti

spageti

riisi

ɛmo

salaatti

salad

ranskalaiset

kyipis

paistetut perunat

abrɔdwomaa a y'akye

pitsa

pisa

hampurilainen

hambɔga

voileipä

sanwekye

leike

nam a dompe nnim

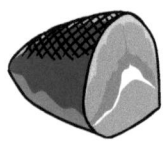

kinkku

preko nam

salami

nam a y'ahata

makkara

sɔsege

kana

akokɔ

paisti

toto

kala

apataa

kaurahiutaleet

oosu koko

mysli

muesli

murot

konflese

jauho

esam

voisarvi

krossant

sämpylä

paano a y'abobɔ

leipä

paano

paahtoleipä

paano a y'atoto

keksit

biskete

voi

bɔta

rahka

nufusuo a ada

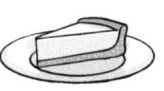

kakku

keeke

kananmuna

kosua

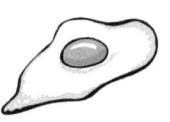

paistettu kananmuna

kosua a y'akyeɛ

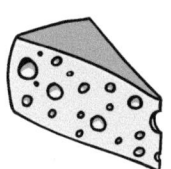

juusto

kyiis

ruoka - aduane

jäätelö

asskrim

sokeri

asikyire

hunaja

ɛwoɔ

hillo

gyaam

suklaapähkinälevite

kyokolete

curry

kɔri

maatila
afuo

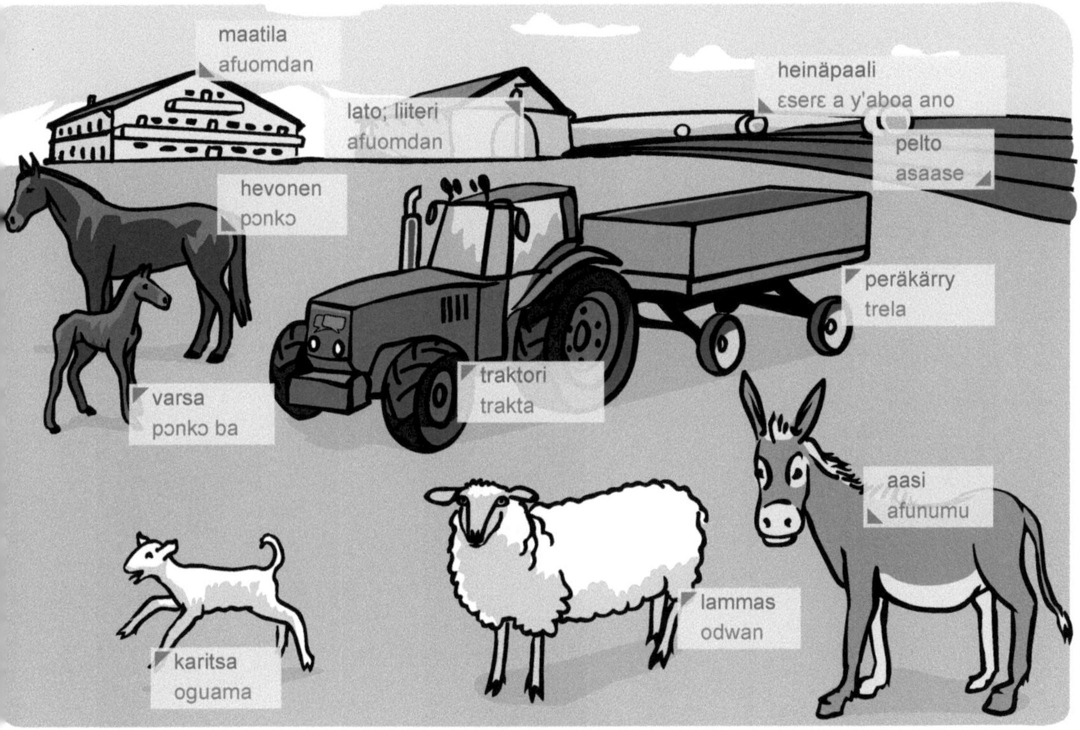
maatila
afuomdan
lato; liiteri
afuomdan
heinäpaali
ɛserɛ a y'aboa ano
pelto
asaase
hevonen
pɔnkɔ
peräkärry
trela
traktori
trakta
varsa
pɔnkɔ ba
aasi
afunumu
lammas
odwan
karitsa
oguama

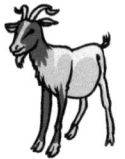

vuohi
apɔnkye

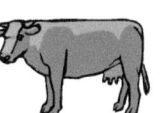

lehmä
nantwie

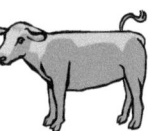

vasikka
nantwie ba

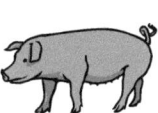

sika
prɛko

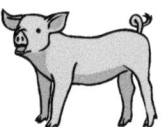

porsas
prɛko ba

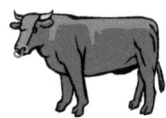

sonni
nantwinini

hanhi

dabodabo nua

ankka

dabodabo

tipu

akokɔba

kana

akokɔbedeɛ

kukko

akokɔnini

rotta

kusie

kissa

ɔkra

hiiri

akura

härkä

nantwinini

koira

kraman

koirankoppi

kraman buo

puutarhaletku

afuom drobɛn

kastelukannu

tontora a yɛde gu nsuo

viikate

sekan a yɛde twa aburo

aura

funtum dadeɛ

sirppi

kɔntɔnkrɔ

kuokka

asɔ

talikko

afuom adinam

kirves

akuma

kottikärryt

hweebaro

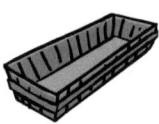

kaukalo

adidika

maitokannu

nufusuo konko

säkki

bɔtɔ

aita

ɛban

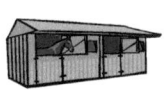

talli

pɔnkɔ dan

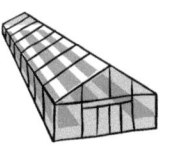

kasvihuone

ntomadan a yɛyɛ mu afuo

maa

anwea

siemen

aba

lannoite

ɔyɛ asaaseyie

leikkuupuimuri

otwaberɛ trakta

kerätä sato
twa

sato
otwaberɛ

jamssit
bayerɛ

vehnä
ayuo

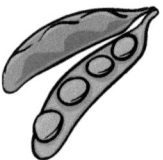

soija
soya

peruna
abrɔdwomaa

maissi
aburo

rypsi
repu aba

hedelmäpuu
dua a ɛso aba

maniokki
bankye

vilja
aburo asefoɔ

talo
efie

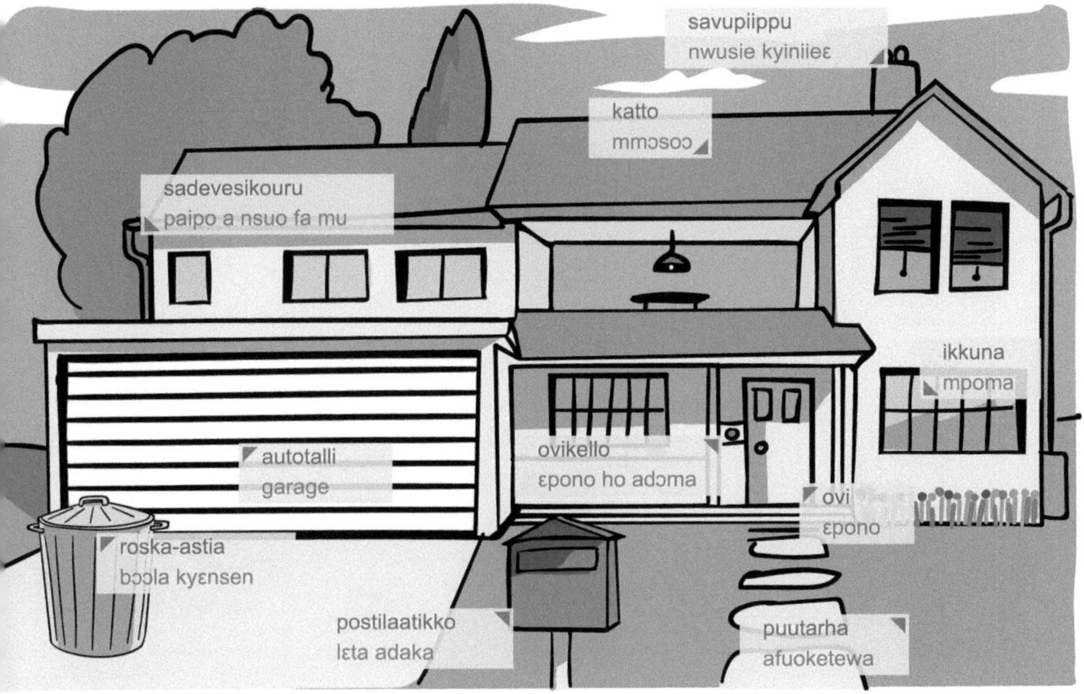
savupiippu
nwusie kyiniieɛ
katto
mmɔsoɔ
sadevesikouru
paipo a nsuo fa mu
ikkuna
mpoma
autotalli
garage
ovikello
ɛpono ho adɔma
ovi
ɛpono
roska-astia
bɔɔla kyɛnsen
postilaatikko
lɛta adaka
puutarha
afuoketewa

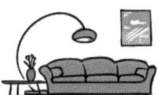

olohuone

asaso

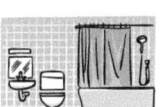

kylpyhuone

adwareɛ

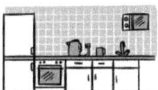

keittiö

mukaase

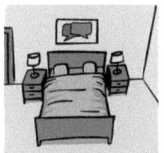

makuuhuone

pie mu

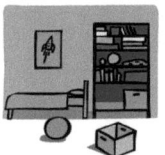

lastenhuone

nkwadaa dan mu

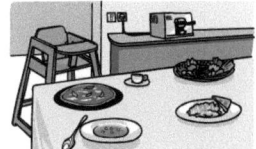

ruokahuone

dan a yɛdidi mu

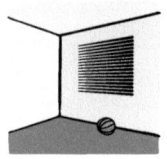

lattia

εfam

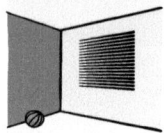

seinä

εban

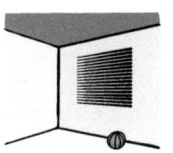

katto

abruuso

kellari

danbloo

sauna

adwereε a εbɔ ɔhyew

parveke

abranaa

terassi

abranaaso

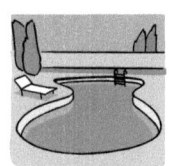

uima-allas

nsuo a yεdware mu

ruohonleikkuri

afidie a yεde dɔ

lakana

nsεfam

päiväpeitto

ntoma a εse kεtε so

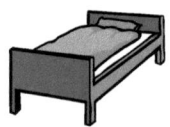

sänky

mpa

harja

prayε

ämpäri

bokiti

katkaisin

dane

olohuone
asaso

tapetti
krataa a ɛfam dan ho
kuva
nfonin
lamppu
kanea
hylly
kɔbɔd
kaappi
kɔbɔd adaka
televisio
tiivi
takka
egya dabrɛ
kukka
nhwiren
tyyny
kuhyɛn
sohva
akonwa kɛseɛ
maljakko
kukuo a nhwiren hye mu
kaukosäädin
remote

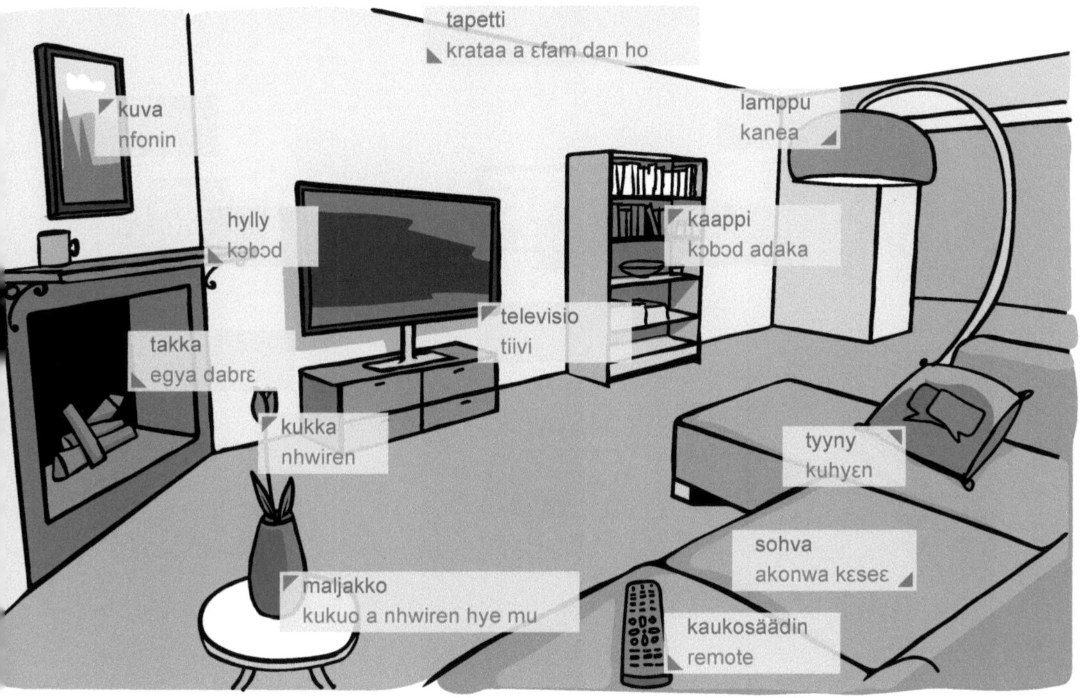

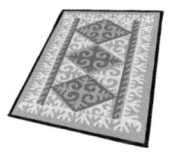

matto

kapɛte

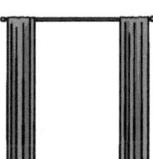

verho

ntwaa dan mu

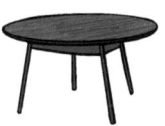

pöytä

ɛpono

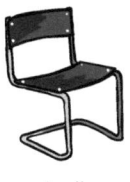

tuoli

akonwa

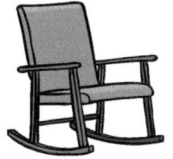

keinutuoli

akonwa a ehinhim

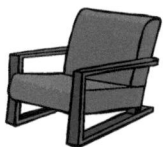

nojatuoli

akonwa a yɛgyegye dan

kirja

nwoma

peitto

kuntu

koriste

dan mu nsiesie

polttopuut

egya

elokuva

sini

stereot

wailɛs

avain

safoa

sanomalehti

koowaa krataa

maalaus

nfonin a y'adwi

juliste

nfam danho

radio

radio

muistivihko

krataa a yɛ twere mu

pölynimuri

afidie a ɛprapra

kaktus

kaktus

kynttilä

kyɛnere

keittiö
mukaase

jääkaappi
frigye
mikroaaltouuni
maikrowave
keittiövaaka
mukaase skeele
leivänpaahdin
tosta
pesuaine
samena
leivinuuni
foonoo
pakastinlokero
friza
roska-astia
bɔɔla kyɛnsen
astianpesukone
afidie a ɛhohoro nkukuo mu

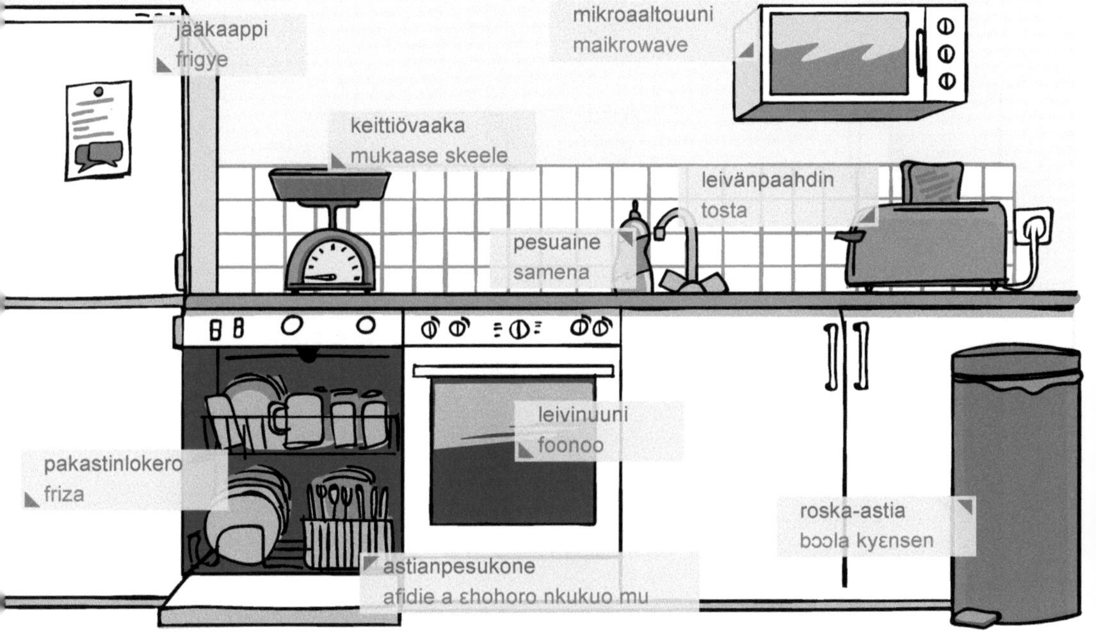

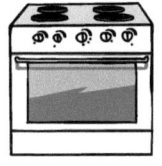

liesi

abɛɛfo bukyea

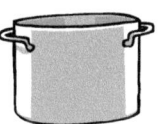

kattila

kokuo

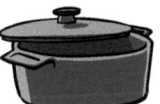

rautapata

dadesɛn

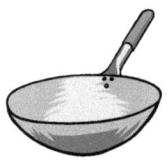

vokkipannu / kadai-pannu

wok / kadai

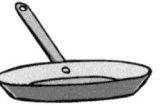

paistinpannu

kyɛnsee

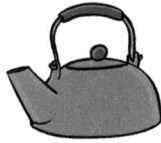

teepannu

nsuo hyeɛ afidie

höyrykeitin

stiima

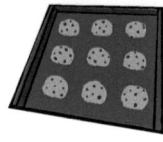

uunipelti

apa a yɛ to so adeɛ

astiat

prɛte, kuruwa, ntere ne nea
ɛkeka ho

muki

kuruwa a etumi bɔ

kulho

kyɛnsee

syömäpuikot

nnua a yɛde didi

kauha

kwantre

paistinlasta

dua atere

vispilä

yɛde nu adeɛ mu

siivilä

sɔneɛ

siivilä

fefe

raastin

greta

mortteli

waduro

grilli

kyinkyinga

avotuli

bukyea

leikkuulauta

εpono a yε twitwaso adeε

kaulin

εta

korkinavaaja

deε yεtu nsa so

purkki

konko

purkinavaaja

deε yεde bue konko so

pannulappu

yεde sɔ kukuo mu

lavuaari

sink

tiskiharja

brɔhye

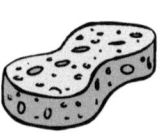

pesusieni

sapɔ

tehosekoitin

aduane yam fidie

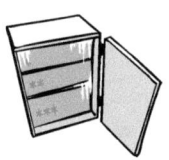

pakastin

friza nini

tuttipullo

toa a abɔdoma nom ano

vesihana

paipo

kylpyhuone
adwareɛ

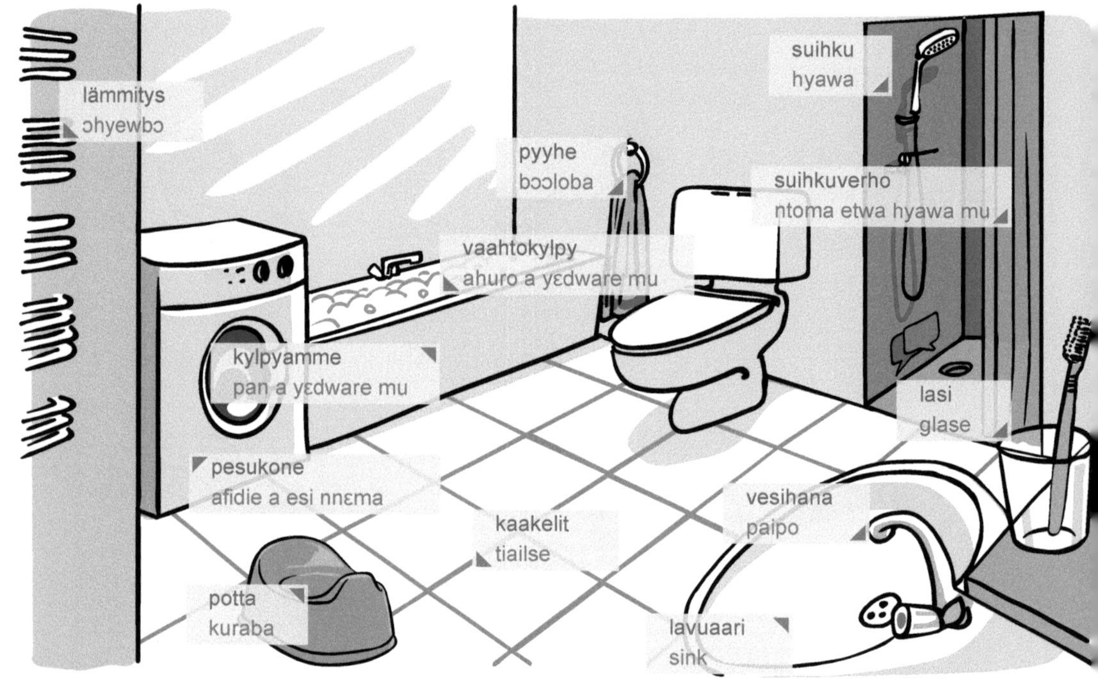

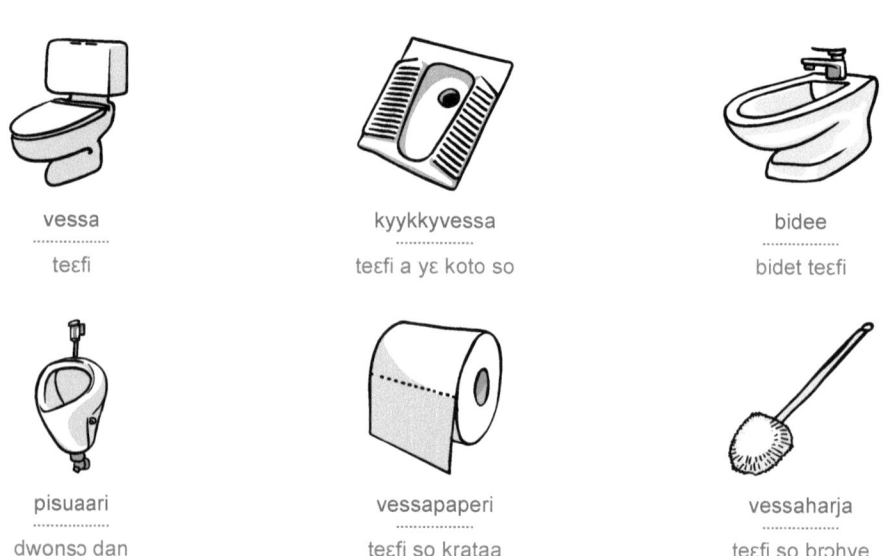

lämmitys
ɔhyewbɔ
suihku
hyawa
pyyhe
bɔɔloba
suihkuverho
ntoma etwa hyawa mu
vaahtokylpy
ahuro a yɛdware mu
kylpyamme
pan a yɛdware mu
lasi
glase
pesukone
afidie a esi nnɛma
vesihana
paipo
kaakelit
tiailse
potta
kuraba
lavuaari
sink

vessa
teɛfi

kyykkyvessa
teɛfi a yɛ koto so

bidee
bidet teɛfi

pisuaari
dwonsɔ dan

vessapaperi
teɛfi so krataa

vessaharja
teɛfi so brɔhye

hammasharja

brohye a yede twitwiri see

hammastahna

aduro a yede twitwiri see

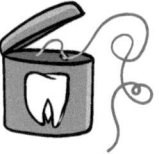

hammaslanka

yede yiyi esee mu

pestä

si

käsisuihku

hyawa a yeso mu

intiimisuihku

paipo a yede hohoro ananmu

pesuvati

bokiti

selkäharja

brohye a wode dware w'akyi

saippua

samena

suihkugeeli

hyawa samena

shampoo

nsuo samena

pesulappu

flanel ntoma

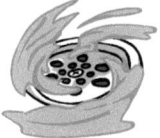

viemäri

baabi a nsu fa pue

voide

nku

deodorantti

yede fefa amotoamu

peili

ahwehwɛ

käsipeili

ahwehwɛ a yɛsɔ mu

partaveitsi

bled

partavaahto

ahuro a yɛde yi nwi

partavesi

aduro a yɛde fefa baabi a
wo ayi nwi

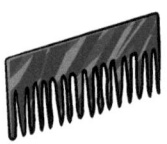

kampa

afen

harja

brɔhye

hiustenkuivaaja

afidie a ɛwo nwi

hiuslakka

enwi sopre

meikki

pɔns

huulipuna

lipstike

kynsilakka

penti a yɛde mɔreɛ so

pumpuli

asaawa

kynsisakset

apasoɔ a etwa mmɔreɛ

hajuvesi

aduhwam

kosmetiikkalaukku

adwareɛ baage

jakkara

edwa

vaaka

skele

kylpytakki

adwereɛ ataadeɛ

kumihansikkaat

rɔba a yɛde hyɛ nsa ho

tamponi

tampon

terveysside

abɛɛfo amonsen

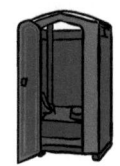

kemiallinen wc

teɛfi a aduro gum

lastenhuone

nkwadaa dan mu

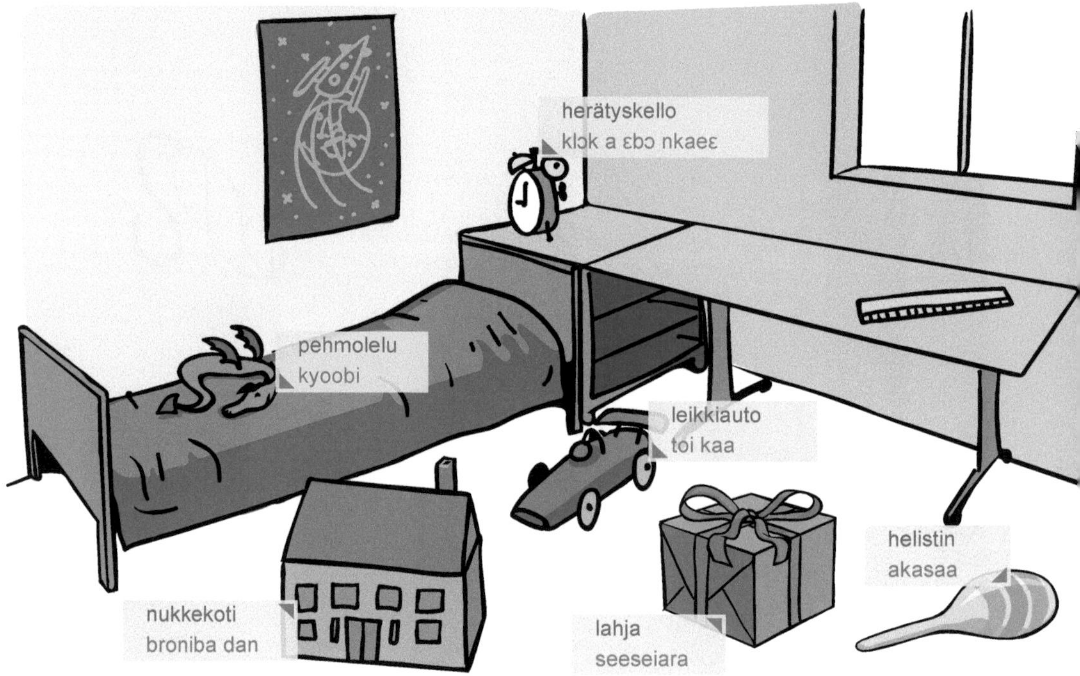

herätyskello
klɔk a ɛbɔ nkaeɛ
pehmolelu
kyoobi
leikkiauto
toi kaa
helistin
akasaa
nukkekoti
broniba dan
lahja
seeseiara

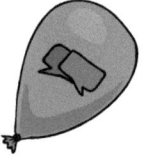

ilmapallo

baaluu

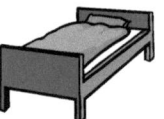

sänky

mpa

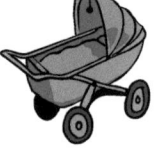

lastenvaunut

nkwadaa kaa

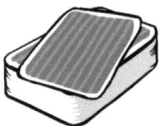

korttipeli

sopaa

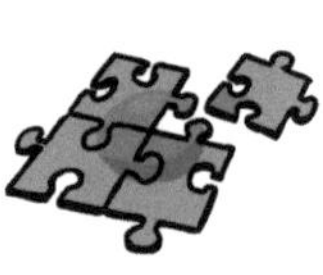

palapeli

gyiksɔɔ

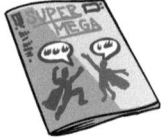

sarjakuva

nsɛnkwa

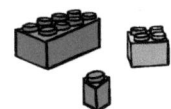

legopalikat

lego blɔg

rakennuspalikat

blɔg a yɛde si dan

supersankari

nnipa ɔbɔhye

potkupuku

abɔdoma ataadeɛ

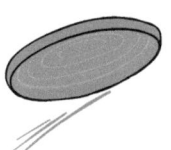

frisbee

frisbee

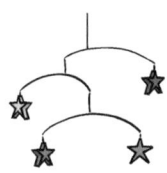

mobile

mobail

lautapeli

ponoso agodie

noppa

daahye

pienoisjunarata

nkwadaa keteke

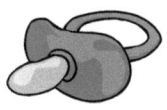

tutti

koliko

juhlat

apontɔɔ

kuvakirja

nfonin nwoma

pallo

bɔɔlo

nukke

broniba

leikkiä

di agorɔ

hiekkalaatikko

anwea adaka

keinu

adonko

lelut

tois

pelikonsoli

video agodie apaawa

kolmipyörä

sakre a ne nan meɛnsa

nalle

kyoobi

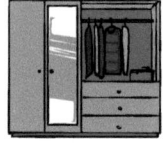

vaatekaappi

wɔdropo

vaatteet

ntaadeɛ

sukat

sɔks

nylonsukat

stokens

sukkahousut

sekentait

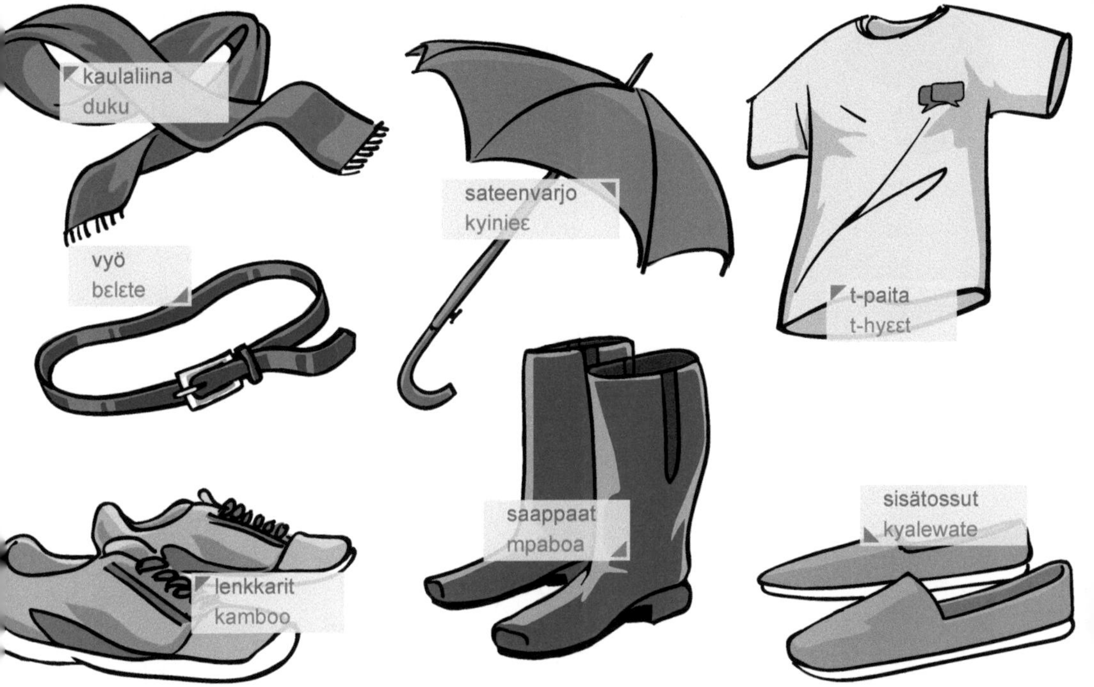

kaulaliina
duku

sateenvarjo
kyiniɛɛ

vyö
bɛlɛte

t-paita
t-hyɛɛt

saappaat
mpaboa

sisätossut
kyalewate

lenkkarit
kamboo

sandaalit
asopatre

kengät
mpoboa

kumisaappaat
rɔba mpaboa

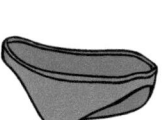
alushousut
ɛtam

rintaliivit
bra

aluspaita
singlɛte

body
nipadua

housut
trɔsa

farkut
gyins

hame
sekɛɛt

pusero
ɛsoro ataadeɛ

paita
hyɛɛte

villapaita
nkatoho a ɛko awɔ

collegepaita
hoodie

jakku
koot

takki
nkatasɔɔ

takki
nkatasɔɔ

sadetakki
nsutɔ mu nkataho

puku
dwumadie bi ho ataadeɛ

mekko
mmaa atadeɛ

hääpuku
ayefrɔ ataadeɛ

puku
kootu

yöpaita
mmaa ataadeɛ a yɛde da

pyjama
pigyamas ataadeɛ

shari
sari

päähuivi
duku

turbaani
abotire

burka
burka

kaftaani
kaftan

abaya
nkramofoɔ mmaa atadeɛ

uimapuku
ataadeɛ a yɛde dware nsuo

uimahousut
asenemu ataadeɛ

shortsit
nika

verkkarit
agokansie ntaadeɛ

esiliina
akatasoɔ

käsineet
nsa nkataho

vaatteet - ntaadeɛ

47

nappi

bɔtom

silmälasit

sopɛɛse

rannekoru

ahwnɛ

kaulakoru

komadeɛ

sormus

kawa

korvakoru

asomadeɛ

lippalakki

ɛkyɛ

ripustin

yɛde koot sɛn so

hattu

ɛkyɛ

solmio

abɔmene mu

vetoketju

zip

kypärä

ɛkyɛ denden

henkselit

bɔresis

koulupuku

sukuu ataadeɛ

univormu

adwuma ataadeɛ

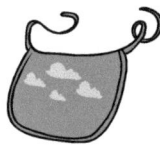

ruokalappu

mmɔfra bib

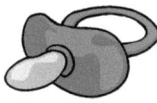

tutti

koliko

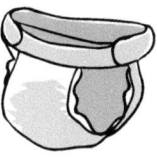

vaippa

nkwadaa napken

toimisto

asoeɛ

palvelin
sɛɛva
asiakirjakaappi
kabenɛt
tulostin
printa
paperi
krataa
näyttö
monita
hiiri
Maws
kirjoituspöytä
ɛpono a yɛyɛ so adwuma
kansio
nhyemu
näppäimistö
ntwerɛɛɛ pono
akori
ɛn a yɛde krataa nwura gu mu
tuoli
akonwa
tietokone
komputa

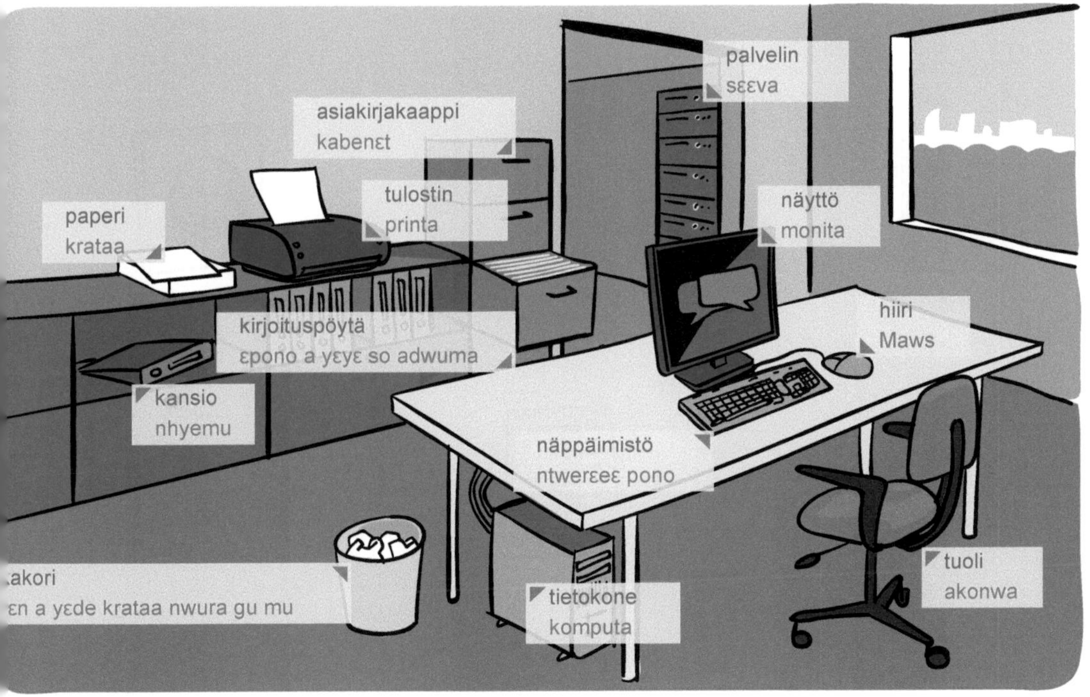

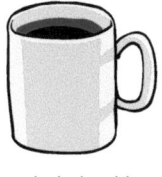

kahvimuki

kɔfe kuruwa

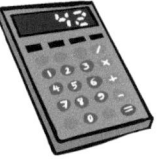

taskulaskin

akontabuo fidie

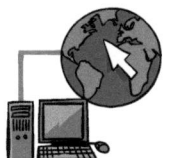

internet

intanɛt

kannettava tietokone

laptop

kirje

lɛta

viesti

nkratoɔ

kännykkä

mobail kasafidie

verkko

nɛtwɛke

kopiokone

fotokɔpi

ohjelmisto

softwɛɛ

puhelin

tetefon

pistorasia

sɔkɛt

faksi

faks afidie

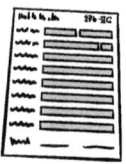

lomake

katraa

asiakirja

nkrataa

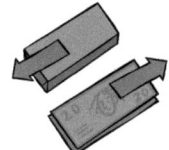

ostaa

tɔ

maksaa

tua

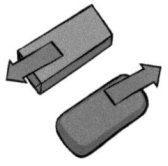

vaihtaa

di dwa

raha

sika

dollari

dollar

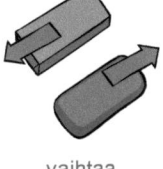 

euro

euro

jeni

yen

rupla

rubel

frangi

Swiss franks

renminbi juan

renminbi yuan

rupia

rupii

pankkiautomaatti

baabi yɛtua sika

rahanvaihto

baabi a yɛ sesa sika

kulta

sika kɔkɔɔ

hopea

dwetɛ

öljy

now

energia

ahoɔden

hinta

ne boɔ

sopimus

kontragye

vero

ɛtoɔ

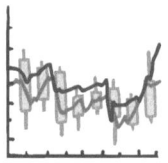

osake

stɔk

työskennellä

adwuma

työntekijä

adwumayɛni

työnantaja

adwumawura

tehdas

mfididwuma mu

liike

sotɔɔ

ammatit

nwuma ahodoɔ

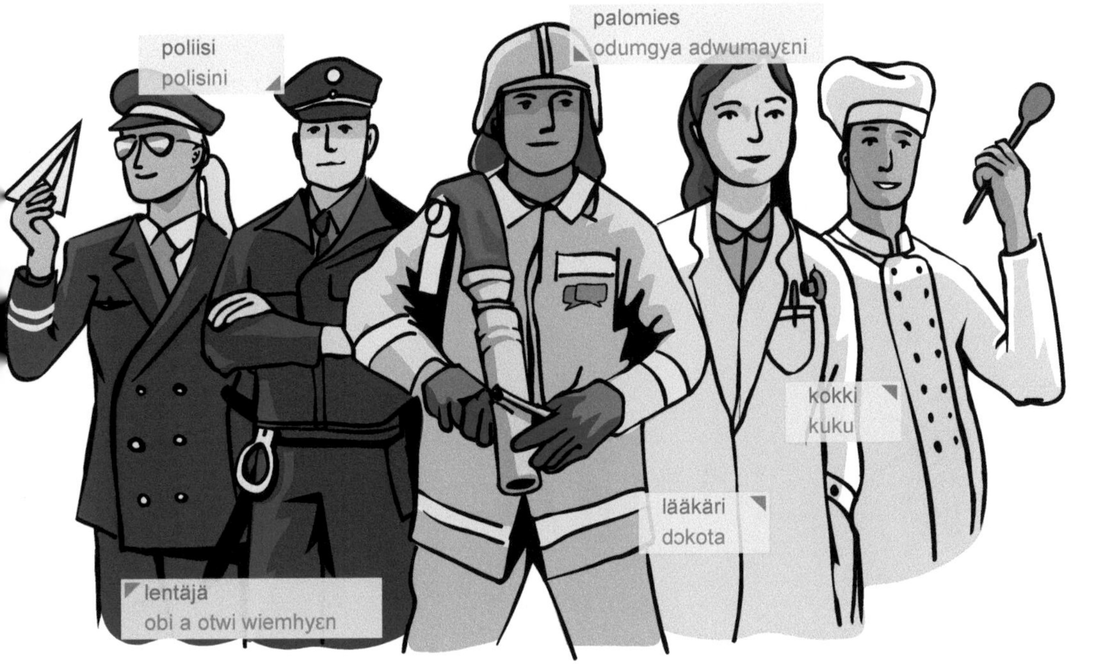
poliisi
polisini
palomies
odumgya adwumayɛni
kokki
kuku
lääkäri
dɔkota
lentäjä
obi a otwi wiemhyɛn

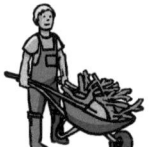

puutarhuri

ɔyɛ afuo

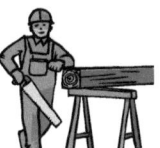

puuseppä

dua dwomfoɔ

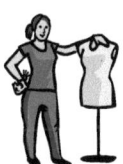

ompelija

adepani baa

tuomari

atɛnmuafoɔ

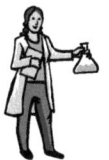

kemisti

ɔtɔn nnuro

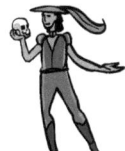

näyttelijä

sini yɛfoɔ

linja-autonkuljettaja

bɔs drɔba

taksinkuljettaja

taisi drɔba

kalastaja

ɔpofoɔ

siivooja

ɔbaa a osiesie fie

katontekijä

ɔbɔdanso

tarjoilija

ɔsom adidiɛ

metsästäjä

bɔmɔfoɔ

maalari

penta

leipuri

ɔto paano

sähköasentaja

ɔyɛ nkaneɛ ho adwuma

rakentaja

ɔdansifoɔ

insinööri

inginia

teurastaja

ɔdwa nam

putkiasentaja

plɔmba

postinjakaja

krataa manefoɔ

sotilas

sogyani

arkkitehti

ɔdwi adan

kassanhoitaja

ɔgyegye sika

floristi

ɔtɔn nhwiren

kampaaja

ɔyɛ tire

konduktÖÖri

meeti

mekaanikko

fitani

kapteeni

nnipa a otwi suhyɛn

hammaslääkäri

ɛsee dɔkota

tiedemies

abɔdeɛ mu nimdefoɔ

rabbi

rabi

imaami

kramo panin

munkki

ɔsɔfo

pappi

ɔsɔfo

ammatit - nwuma ahodoɔ

työkalut
anwenade

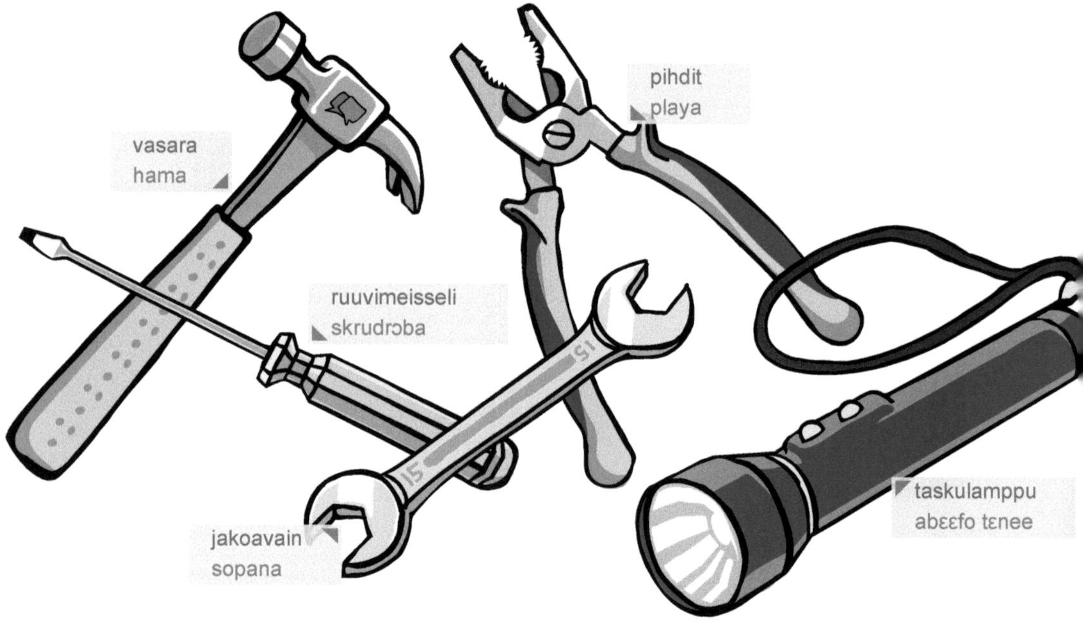
vasara
hama
pihdit
playa
ruuvimeisseli
skrudrɔba
jakoavain
sopana
taskulamppu
abɛɛfo tɛnee

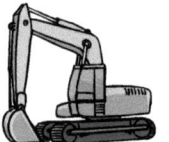

kaivinkone

otu amena

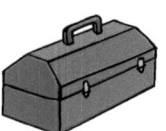

työkalupakki

anwenade adaka

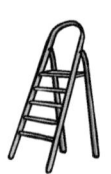

tikkaat

atwedeɛ

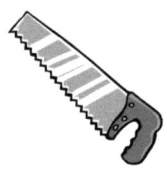

saha

asradaa

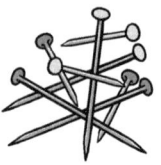

naulat

nnadewa

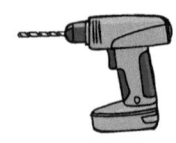

pora

afidie a yɛde bɔne tokro

korjata
siesie

lapio
sofi

Hitto!
Ebei!

rikkalapio
asanwura

maalipurkki
penti kukuo

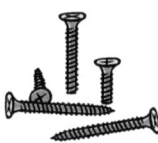

ruuvit
skruu

soittimet
nneɛma a yɛde bɔ nwom

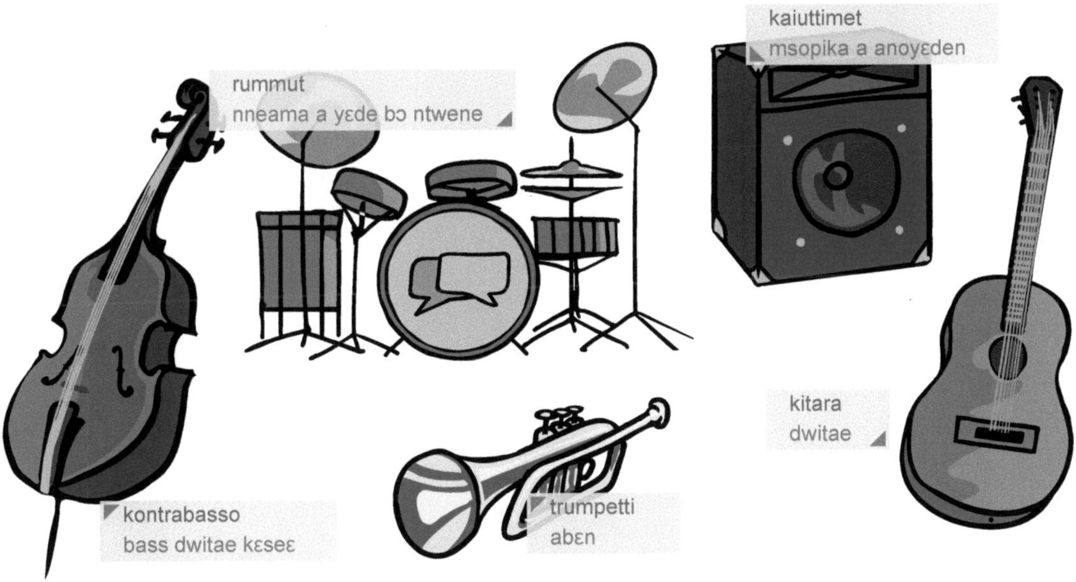

rummut
nneama a yɛde bɔ ntwene

kaiuttimet
msopika a anoyɛden

kitara
dwitae

kontrabasso
bass dwitae kɛseɛ

trumpetti
abɛn

piano

sankuo

viulu

ahoma sankuo

basso

bass dwitae

patarummut

atumpan

rumpu

ntwene

kosketinsoitin

ntwerɛeɛ apa

saksofoni

saksofon

huilu

atentenbɛn

mikrofoni

maikrofon

eläintarha
zoo

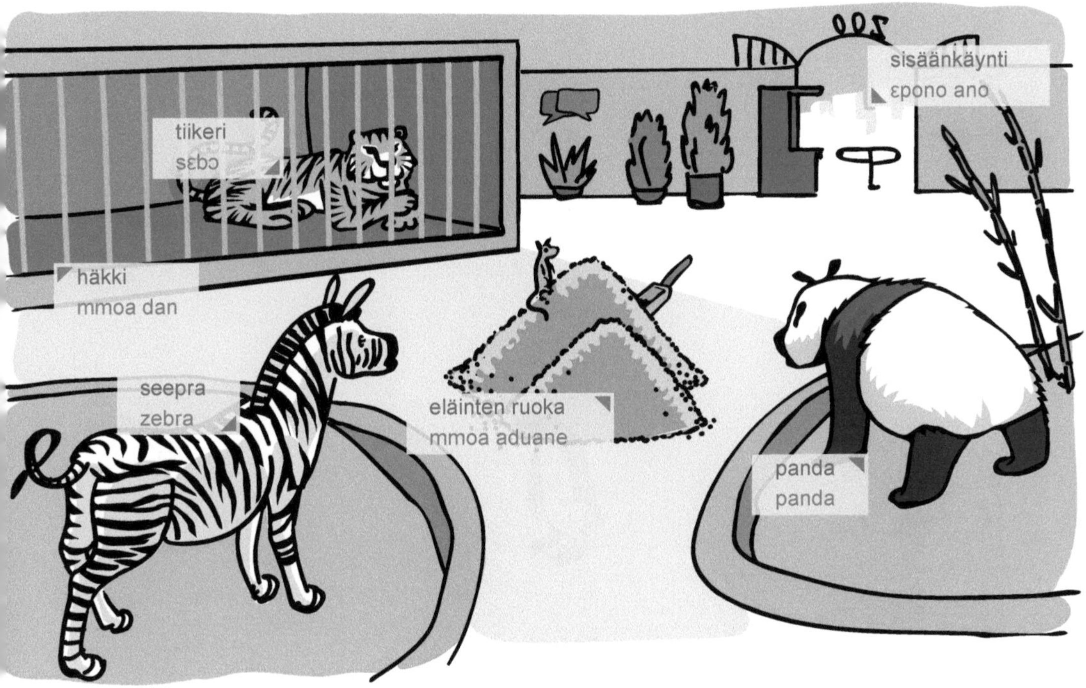
sisäänkäynti
ɛpono ano
tiikeri
sɛbɔ
häkki
mmoa dan
seepra
zebra
eläinten ruoka
mmoa aduane
panda
panda

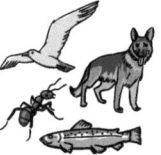

eläimet

mmoa

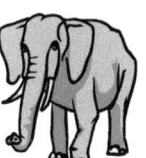

norsu

ɔsono

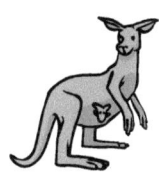

kenguru

kangaru

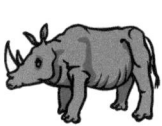

sarvikuono

raino

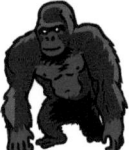

gorilla

akatea

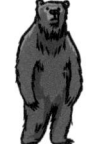

karhu

sisire

kameli

afunupɔnkɔ

strutsi

sohori

leijona

gyata

apina

adwee

flamingo

flamingo

papukaija

ako

jääkarhu

awɔ mu sisire

pingviini

penguin

hai

oboodede

riikinkukko

akɔkonini abankwa

käärme

wɔwɔ

krokotiili

dɛnkyɛm

eläintarhanhoitaja

nnipa ɛhwɛ zoo so

hylje

nsuo mu gyata

jaguaari

sebɔ

poni

ponkɔ ba

leopardi

etwie

virtahepo

susuono

kirahvi

kontenten

kotka

ɔkɔdeɛ

villisika

kokote

kala

apataa

kilpikonna

sudandan

mursu

walrus

kettu

sakraman

gaselli

ɔtwee

amerikkalainen jalkapallo
Amerikafoɔ futbɔɔlo

pyöräily
skre twie

tennis
tennis

koripallo
basketbɔɔlo

uinti
nsuom adwareɛ

jääkiekko
asukɔkyea so hɔki

nyrkkeily
akutruku

jalkapallo
futbɔl

sulkapallo
badmintin

yleisurheilu
mirikatuo

käsipallo
bɔɔlo a yɛde nsa bɔ

hiihto
skii

poolo
polo

aktiviteetit
nwumadie

hypätä
huri
halata
bam
nauraa
sere
kävellä
nante
laulaa
to dwom
unelmoida
so daeɛ
rukoilla
bɔ mpaeɛ
suudella
fe ano

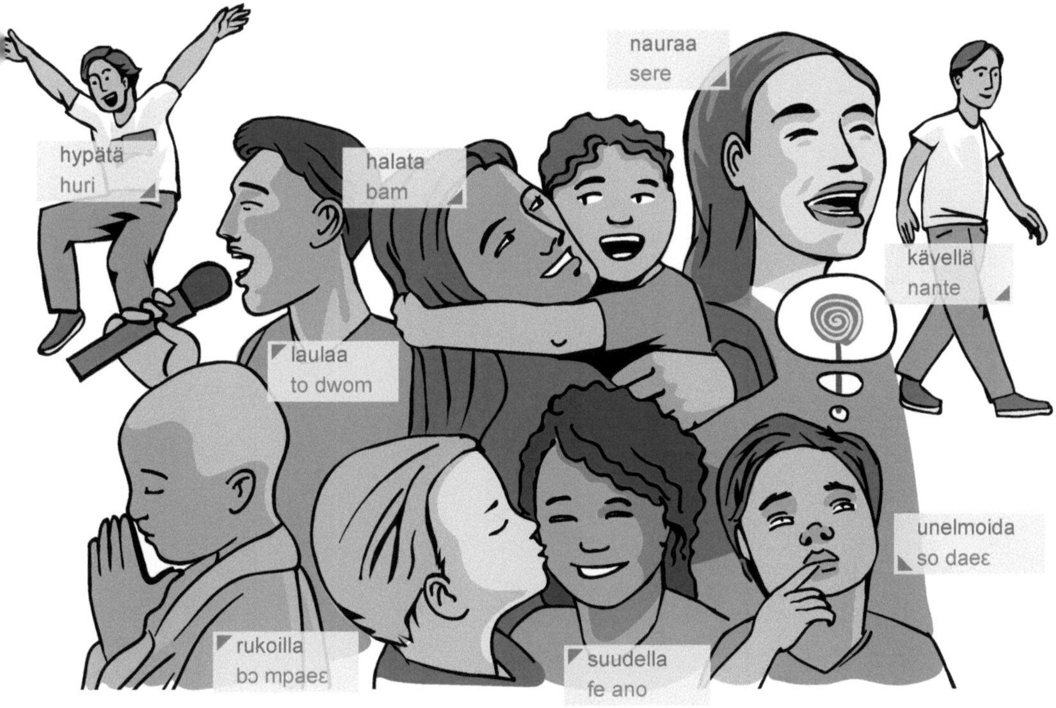

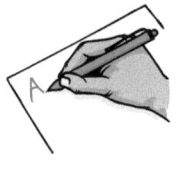

kirjoittaa

twerɛ

piirtää

dwi

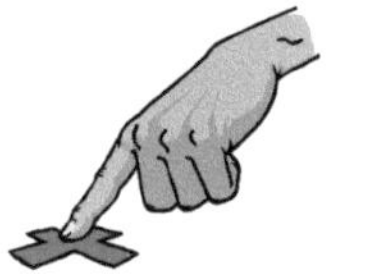

näyttää

kyerɛ

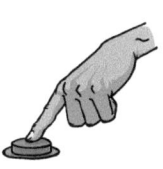

painaa

pia

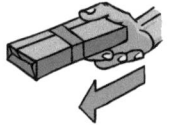

antaa

ma

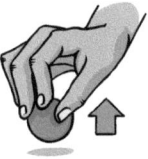

ottaa

fa

omistaa

nya

tehdä

yɛ

olla

yɛ

seisoa

gyina

juosta

tu mirika

vetää

twe

heittää

to

kaatua

tɔ fam

maata

da hɔ

odottaa

twɛn

kantaa

soa

istua

tenase

pukeutua

hyɛ ataadeɛ

nukkua

da

herätä

nyane

katsoa

hwɛ

itkeä

su

silittää

san ho

kammata

nunum

puhua

kasa

ymmärtää

te aseɛ

kysyä

bisa

kuunnella

tie

juoda

nom

syödä

didi

siivota

yɛ nsiesie

rakastaa

ɔdɔ

keittää

noa

ajaa

twi

lentää

tu

purjehtia

fa nsuo so

laskea

sese

lukea

kenkan

oppia

sua

työskennellä

adwuma

mennä naimisiin

ware

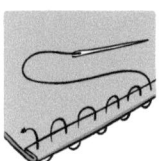

ommella

pam

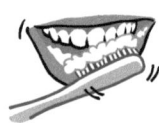

pestä hampaat

twitwiri wo se

tappaa

kum

tupakoida

nom gyɔt

lähettää

mane

perhe
abusua

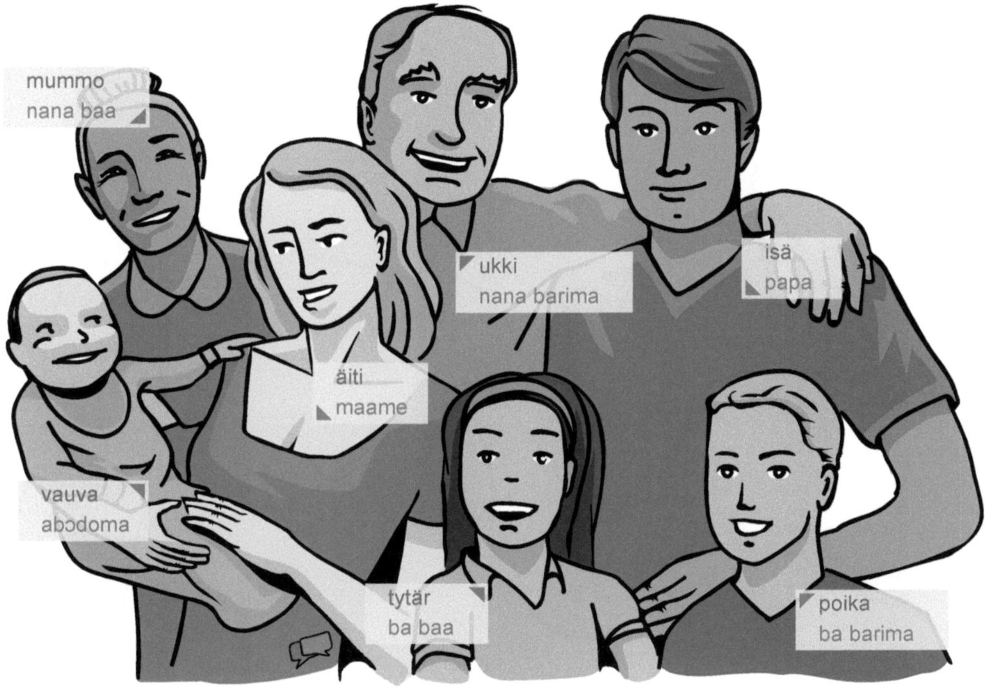
mummo
nana baa
ukki
nana barima
isä
papa
äiti
maame
vauva
abɔdoma
tytär
ba baa
poika
ba barima

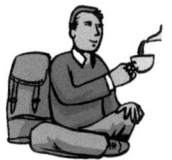

vieras

ɔhɔhoɔ

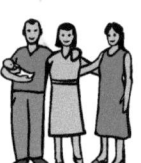

täti

sewaa

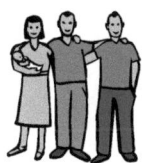

setä

wɔfa

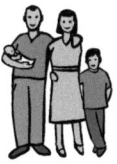

veli

nua barima

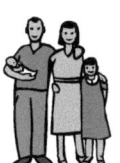

sisko

nua baa

vartalo
nipadua

otsa
moma
silmä
ani
olkapää
abɛtire
sormet
nsatea
kasvot
anim
leuka
apantan
käsi
nsa
jalka
ɛnan
rinta
nufoɔ
käsivarsi
nsa

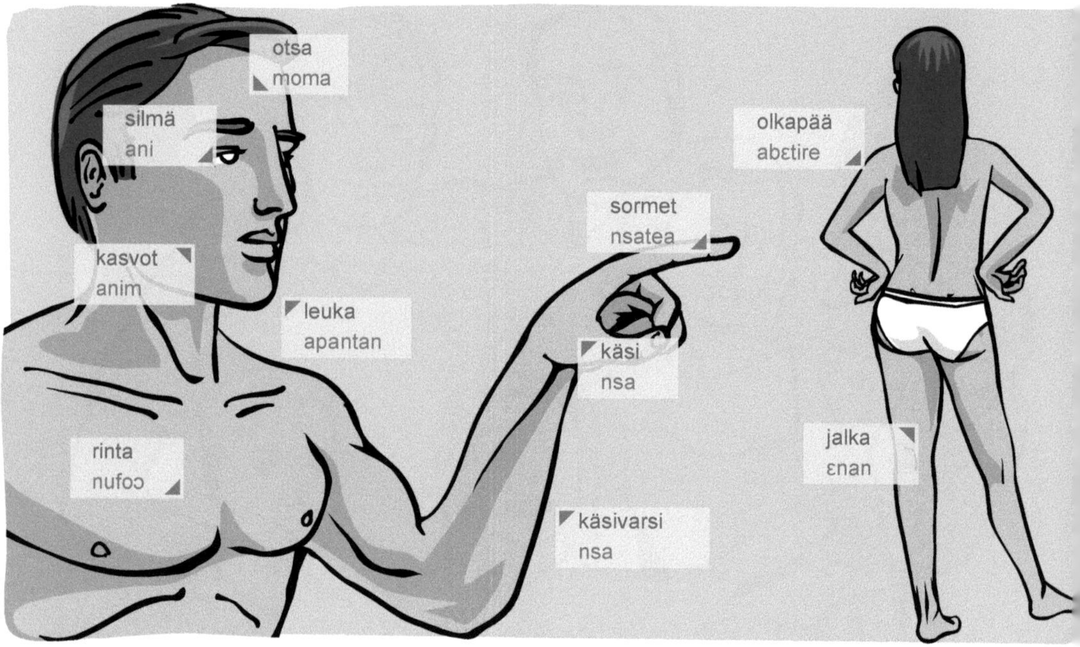

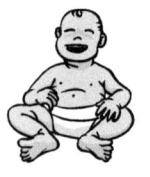

vauva
abɔdoma

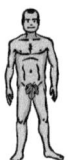

mies
barima

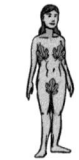

nainen
ɔbaa

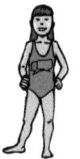

tyttö
abayewa

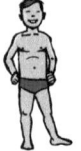

poika
abarimawa

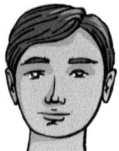

pää
etire

selkä

akyi

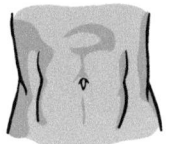

maha

afro

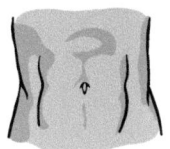

napa

fruma

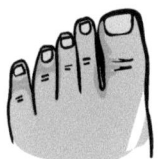

varvas

nansoa

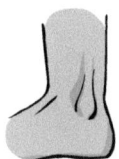

kantapää

nantini

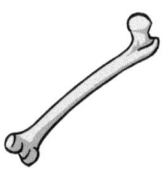

luu

dompe

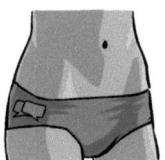

lantio

ataasɔ

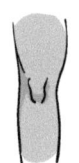

polvi

kotodwe

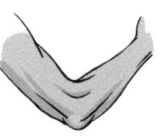

kyynärpää

abatwɛ

nenä

ɛhwene

takapuoli

ɛtoɔ

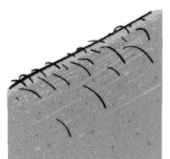

iho

wedeɛ

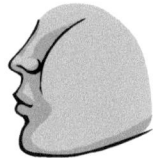

poski

afono

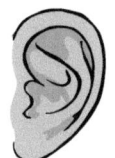

korva

aso

huuli

ano

suu

anom

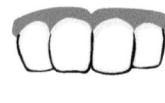

hammas

ɛsee

kieli

tɛkyerɛma

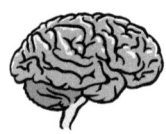

aivot

adwene

sydän

akoma

lihas

ntini

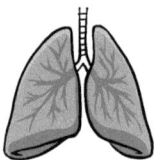

keuhkot

aharawa

maksa

brɛbɔɔ

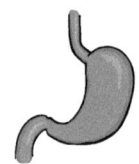

vatsa

yafunu

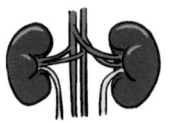

munuaiset

asaa

seksi

nna

kondomi

kɔndɔm

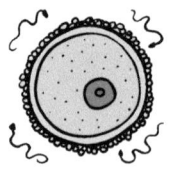

munasolu

ɔbaa nkosua

sperma

barima ho nsuo

raskaus

nyinsɛn

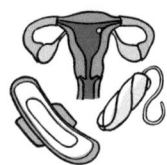

kuukautiset
....
nsabuo

vagina
....
ɛtwɛ

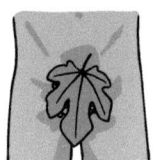

penis
....
kɔteɛ

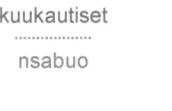

kulmakarvat
....
anintɔn

hiukset
....
enwin

niska
....
ɛkɔn

sairaala
ayaresabea

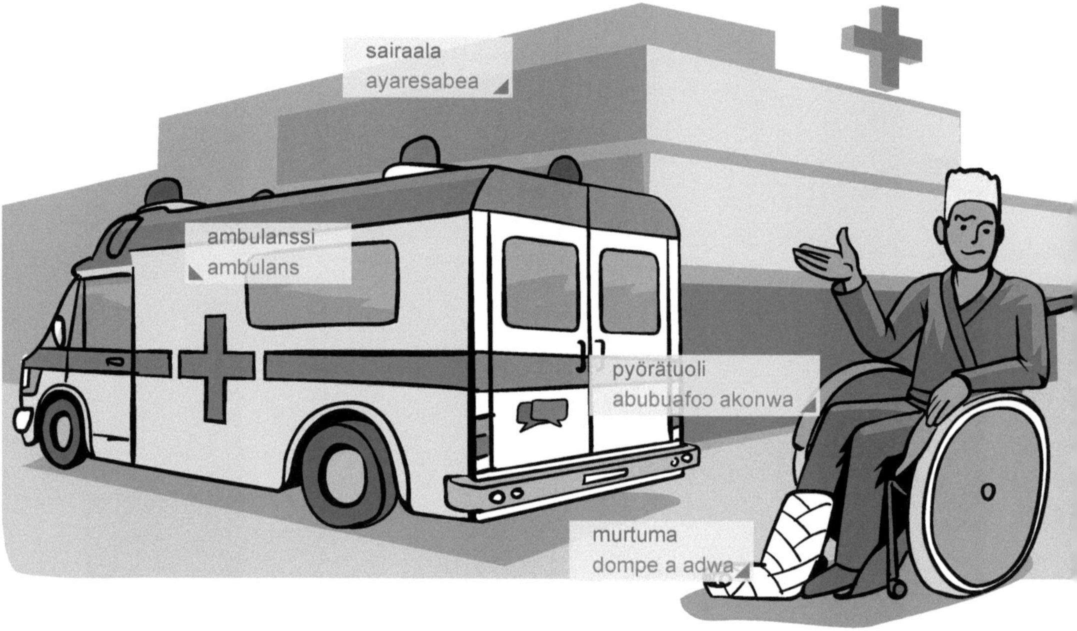

ambulanssi
ambulans

pyörätuoli
abubuafoɔ akonwa

murtuma
dompe a adwa

lääkäri

dɔkota

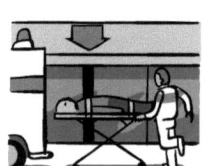

ensiapu

ɛdan a wɔde putupru nsɛm kɔmu

sairaanhoitaja

nɛɛse

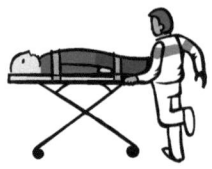

hätätilanne

putupru

tajuton

wɔ atwa ahwe

kipu

yea

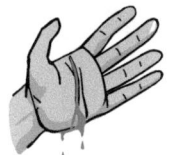

vamma

epira

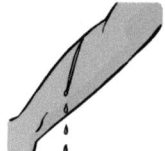

verenvuoto

mogyatuo

sydänkohtaus

akoma yarenini

aivoinfarkti

stroke yareɛ

allergia

allegyi

yskä

ɛwa

kuume

ahoɔhyeɛ

flunssa

papu

ripuli

ayamtuo

päänsärky

tipaeɛ

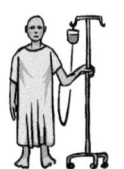

syöpä

kokoram

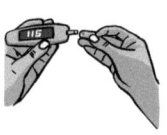

diabetes

asikyire yareɛ

kirurgi

dɔkota a ɛyɛ oprehyɛn

veitsi

skapɛl sekan

leikkaus

aprehyɛn

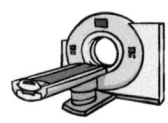

ct
....
CT

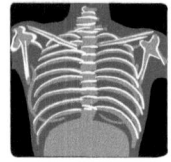

röntgen
....
x-ray

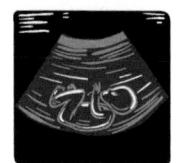

ultraääni
....
ultrasound

maski
....
nkatanim

sairaus
....
yareɛ

odotushuone
....
ɛdan a wɔ twɛn mu

sauva
....
krɔhyes

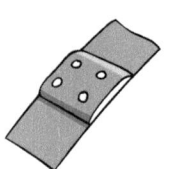

laastari
....
plasta

side
....
banege

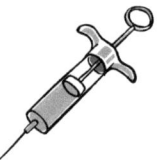

pistos
....
paneɛ

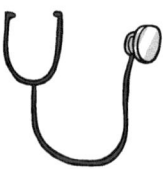

stetoskooppi
....
Stetoskop

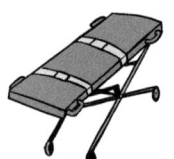

paarit
....
ahomankaa

kuumemittari
....
afidie a esusu ahoɔhyeɛ

syntymä
....
awoɔ

ylipaino
....
kɛseɛ mmorosoɔ

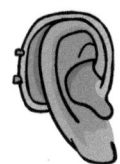

kuulolaite

afidie a ɛboa asɛmtie

desinfiointiaine

aduro a ekum mmoawa

infektio

yareɛ a mmoawa deba

virus

vaarɔs

HIV / AIDS

HIV / AIDS

lääke

aduro

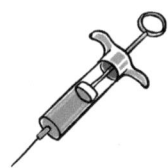

rokotus

aduro a esi yareɛ ano

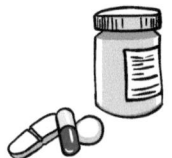

tabletit

aduro tablɛte

pilleri

topaeɛ

hätäpuhelu

ɔfrɛ wɔ putupru so

verenpainemittari

afidie a esusu mogya
mmrosoɔ

sairas / terve

yareɛ / apomuden

Apua!

Boa me!

hälytys

kɔkɔbɔ

ryöstö

ɛborɔ

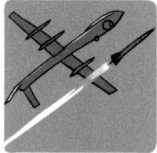

hyökkäys

ato ahyɛ obi so

vaara

ɛyɛ hu

hätäuloskäynti

baabi a yɛfa de pue putupru
so

Tulipalo!

Ogya!

palosammutin

afidie a yɛde dumgya

onnettomuus

nkwanhyia

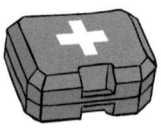

ensiapulaukku

nnɛɛma yɛde sɔ yareɛ ano

SOS

SOS

poliisilaitos

polisi

Eurooppa

Yuropo

Pohjois-Amerikka

Amerika atifi

Etelä-Amerikka

Amerika ananfoɔ

Afrikka

Abiberm

Aasia

Asia

Australia

Australia

Atlantin valtameri

Atlantik

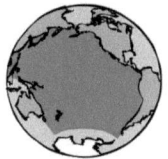

Tyynimeri

Pasifek

Intian valtameri

India po kɛseɛ

Eteläinen jäämeri

Antaatek po keseɛ

Pohjoinen jäämeri

Aatek po kɛseɛ

pohjoisnapa

Ewiase atifi

etelänapa

Ewiase anaafoɔ

Antarktis

Antaatek

maa

Ewiase

maa

asaase

meri

ɛpo

saari

supɔ

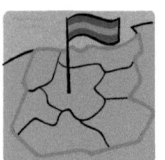

kansa

ɔman

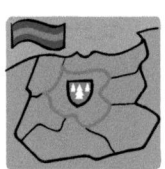

osavaltio

ɔman

kellotaulu

klɔko no anim

tuntiviisari

dɔnhwere nsa no

minuuttiviisari

sima nsa

sekuntiviisari

anitɛtɛ nsa no

Paljonko kello on?

Abɔ sɛn?

päivä

da

aika

berɛ

nyt

seeseiara

digitaalikello

wkye a nɔma wɔ so

minuutti

sima

tunti

dɔnhwere

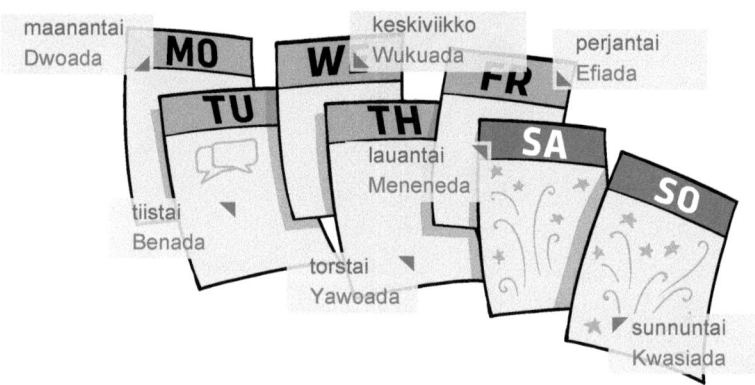

maanantai
Dwoada — MO

keskiviikko
Wukuada — W

perjantai
Efiada — FR

tiistai
Benada — TU

lauantai
Meneneda — SA / TH

torstai
Yawoada — SO

sunnuntai
Kwasiada

eilen

ɛnora

tänään

ɛnora

huomenna

ɔkyina

aamu

anɔpa

keskipäivä

prɛmtobrɛ

ilta

anwumerɛ

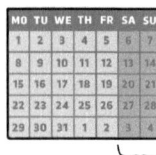

työpäivät

adwuma nna

viikonloppu

nnawɔtwe awieɛ

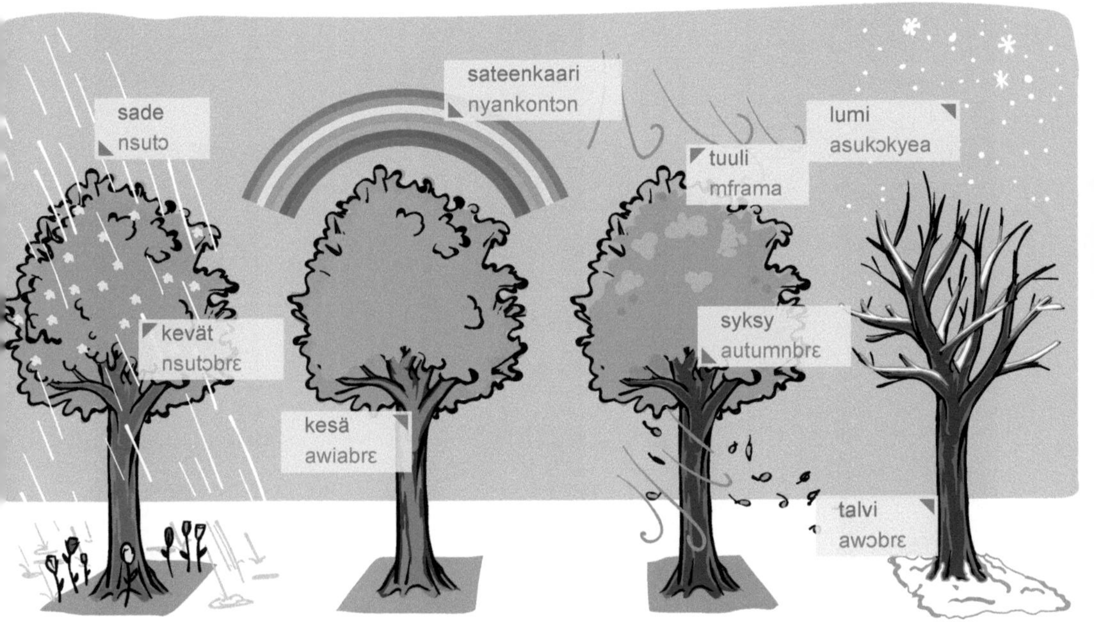

sade
nsutɔ

sateenkaari
nyankontɔn

lumi
asukɔkyea

tuuli
mframa

kevät
nsutɔbrɛ

syksy
autumnbrɛ

kesä
awiabrɛ

talvi
awɔbrɛ

4.APRIL	11°	
5.APRIL	4°	
6.APRIL	13°	
7.APRIL	8°	
8.APRIL	10°	

sääennuste
ewiem nsakrɛeɛ

lämpömittari
afidie a esusu ade ho hyeɛ

auringonpaiste
awiabɔ

pilvi
munukum

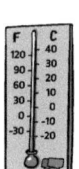

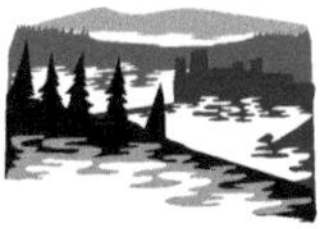

sumu
ɛbɔ

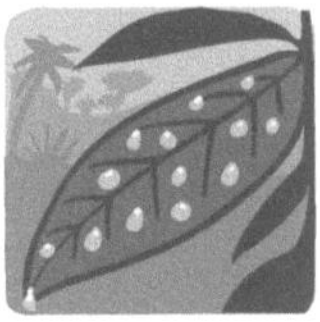

ilmankosteus
ewiem nsuo

salama

ayerɛmo

ukkonen

apranaa

myrsky

ehum

rae

asukɔkyea

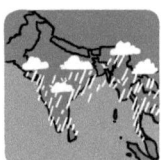

monsuuni

monsoonbrɛ

tulva

nsuyiri

jää

aise

tammikuu

ɔpɛpɔn

helmikuu

ɔgyefɔɔ

maaliskuu

ɔbɛnem

huhtikuu

Oforisuo

toukokuu

Kotonimaa

kesäkuu

Ayɛwohomumu

heinäkuu

Kitawonsa

elokuu

ɔsanaa

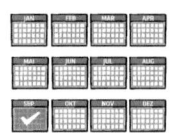

syyskuu

εbɔ

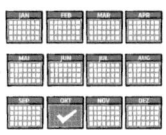

lokakuu

Ahinime

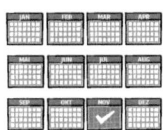

marraskuu

Obubuo

joulukuu

ɔpɛnimaa

muodot
abosuo

ympyrä

kanko

neliö

sokwɛɛ

suorakulmio

rɛktangel

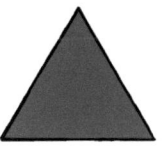

kolmio

triangel

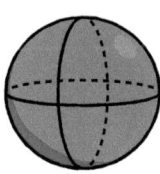

pallo

krukruwa

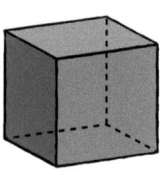

kuutio

adaka

valkoinen

fitaa

keltainen

akokɔ sradeɛ

oranssi

ankaa

vaaleanpunainen

pink

punainen

kɔkɔɔ

violetti

pɛpol

sininen

bruu

vihreä

ahaban mono

ruskea

braun

harmaa

nson

musta

tuntum

paljon / vähän
....
pii / ketewa

vihainen / ystävällinen
....
wo boafu / wɔ adwo

kaunis / ruma
....
ɛyɛ fɛ / ɛyɛ tan

alku / loppu
....
ahyɛseɛ / awieɛ

suuri / pieni
....
kɛseɛ / esua

vaalea / tumma
....
ɛha / esum

veli / sisko
....
nuabarima / nuabaa

puhdas / likainen
....
ɛho te / ayɛ fin

täydellinen / epätäydellinen
....
awie / enwieɛ

päivä / yö
....
awia / anadwo

kuollut / elävä
....
awu / ɛte ase

leveä / kapea
....
emubae / ɛyɛ tea

syötävä / syömäkelvoton

yɛde /yɛnni

paha / kiltti

bɔne / tema

innostunut / tylsistynyt

wɔ aniagye / wɔ ani nka

lihava / laiha

ɔso / teatea

ensimmäinen / viimeinen

edikan / etwatoɔ

ystävä / vihollinen

adamfoɔ / atamfo

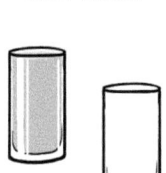

täysi / tyhjä

ayɛ mma / hwee nim

kova / pehmeä

ɛdenden / mmerɛ mmerɛ

painava / kevyt

ɛyɛ duru / ɛyɛ ha

nälkä / jano

ɛkɔm / nsukɔm

sairas / terve

yareɛ / apomuden

laiton / laillinen

etia mmara / ɛwɔ mmara mu

älykäs / tyhmä

nyansa / gyimi

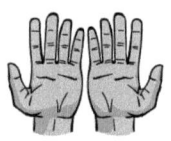

vasen / oikea

benkum / nifa

lähellä / kaukana

ɛbɛn / akyire

uusi / käytetty

foforɔ / dada

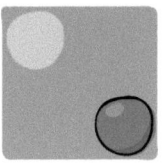

ei mitään / jotain

hwee / biribi

vanha / nuori

wɔ anyini/ ɔsua

päällä / pois päältä

sɔ /dum

auki / kiinni

bue / tom

hiljainen / äänekäs

dinn / dede

rikas / köyhä

ɔdefoɔ / ohia

oikein / väärin

nifa / benkum

karhea / sileä

werewerɛwerewerɛ / trontron

surullinen / iloinen

awerɛhoɔ / anigyeɛ

lyhyt / pitkä

tietia / tenten

hidas / nopea

nyaa / ntɛm

märkä / kuiva

afɔ / awɔ

lämmin / viileä

dedɛɛdeɛɛ / adwo

sota / rauha

akoo / asomdweɛ

0

nolla

hwee

1

yksi

baako

2

kaksi

mienu

3

kolme

meɛnsa

4

neljä

ɛnan

5

viisi

enum

6

kuusi

nsia

7

seitsemän

nson

8

kahdeksan

nwɔtwe

9

yhdeksän

nkron

10

kymmenen

edu

11

yksitoista

du-baako

12

kaksitoista
du-mienu

13

kolmetoista
du-meɛnsa

14

neljätoista
du-nan

15

viisitoista
du-num

16

kuusitoista
du-nsia

17

seitsemäntoista
de-nson

18

kahdeksantoista
du-nwɔtwe

19

yhdeksäntoista
du-nkron

20

kaksikymmentä
aduonu

100

sata
ɔha

1.000

tuhat
apem

1.000.000

miljoona
ɔpepem

numerot - nɔma

englanti

Brofo

amerikanenglanti

Amerikafoɔ Brofo

mandariinikiina

Chainfoɔ Mandarin

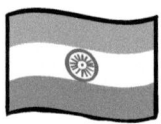

hindi

Hindi

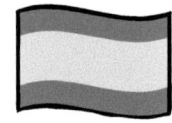

espanja

Spainfoɔ kasa

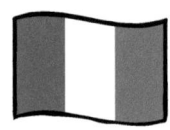

ranska

French kasa

arabia

Arabia kasa

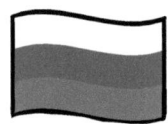

venäjä

Russianfoɔ kasa

portugali

Portugalfoɔ kasa

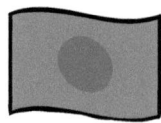

bengali

Bengali

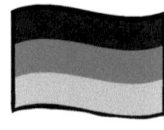

saksa

Germanfoɔ kasa

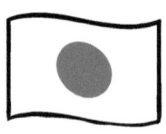

japani

Japanfoɔ kasa

minä

Me

sinä

wo

hän

ono

me

yɛn

te

wo

he

ɔmmo

kuka?

hwan?

mitä / mikä?

deɛ bɛn?

miten?

ɛyɛ deɛn?

missä?

ehen?

milloin?

dabɛn?

nimi

edin

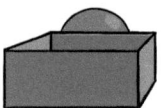

takana

akyire

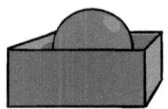

sisällä

emu

edessä

anim

yläpuolella

εsoro

päällä

εso

alapuolella

aseε

vieressä

nkyεn

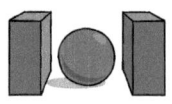

välissä

ntεm

paikka

beaε